SHENG HUO HAN YU

Chinese in Real Life

DI ER CE

（第二册）

（BOOK II）

鲁 洲 张 艳
杨逸鸥 王 晶 编著

内容提要

《生活汉语》第二册是针对在华生活的成年外国人编写的立体化初级汉语教程。按照《国际汉语教学通用课程大纲》的要求，分别从语言技能、语言知识、文化意识和学习策略四个维度为学生提供丰富的语料和练习，使师生们能在富含意义的情境中进行汉语作为第二语言的教与学。除纸质教材外，本套教材配有相应的数字化教学资源，能显著提高教学效果。

图书在版编目(CIP)数据

生活汉语. 第二册／鲁洲等编著. —上海：上海交通大学出版社，2017(2025重印)
ISBN 978-7-313-17632-5

Ⅰ. ①生… Ⅱ. ①鲁… Ⅲ. ①汉字—对外汉语教学—教学参考资料 Ⅳ. ①H195.4

中国版本图书馆CIP数据核字(2017)第167608号

生活汉语(第二册)
SHENGHUO HANYU (DI ER CE)

编　　著：鲁　洲　张　艳　杨逸鸥　王　晶
出版发行：上海交通大学出版社
地　　址：上海市番禺路951号
邮政编码：200030
电　　话：021-64071208
印　　制：上海景条印刷有限公司
经　　销：全国新华书店
开　　本：889 mm×1194 mm　1/16
印　　张：12.25
字　　数：133千字
版　　次：2017年8月第1版
印　　次：2025年4月第3次印刷
书　　号：ISBN 978-7-313-17632-5
音像书号：ISBN 978-7-88941-132-5
定　　价：58.00元

编写说明

《生活汉语》(第二册)是针对在华生活的有一定汉语基础的成年外国人编写的汉语教材。本册共有十课,每课都有一个核心话题,这些话题均来源于学生们在中国生活中最易遇到的场景。基于这些话题,我们按照《国际汉语教学通用课程大纲》的要求,分别从语言技能、语言知识、文化意识和学习策略四个维度为学生提供丰富的语料和练习,使师生们能在富含意义的情境中进行汉语作为第二语言的教与学。学完本册教材后可达到国际汉语能力二级至三级水平,欧洲语言共同参考框架 A2 水平,适合参加新 HSK 三级考试。每课建议教学时长为 8～12 课时,可供大学语言教学部门、培训机构等单位作为长、短期综合教材使用。本教材配有丰富的辅助教学资源,包括 MP3 录音、生词表及练习等,可登录 https://vc2000cn.wixsite.com/cirl 获取或扫描封底二维码。

本教材的特色主要有以下几点:

(1) 每课都由热身活动开始引入,通过与该课话题相关的活动激发学生的学习兴趣。

(2) 每课包含一个对话体和一个叙述体的文本,分别从不同角度为学生提供特定情境下的汉语使用样本。

(3) 每课均配有听、说、读、写的技能练习,旨在提升学生的汉语综合运用能力。每项练习的内容互相之间有一定相关性,在提高语言点复现率的同时训练不同的技能和学习策略。信息差练习创造性地使用了A、B两个角色的内容分在不同页面的排版设计,有助于加强学生的表达欲望。

(4) 提供了丰富的在线资源,包括PPT课件、QUIZLET生词表、练习等。

本教材是由东华大学国际文化交流学院的多位老师合作编写而成,他们的具体分工如下:第11、18、19课主要由鲁洲负责,第12、15、16课主要由张艳负责,第14、20课主要由杨逸鸥负责,第13、17课主要由王晶负责,插图由张钰老师根据要求绘制,鲁洲负责最后统稿。

本教材的付梓离不开学院领导、同仁以及上海交通大学出版社领导和编辑的大力支持,在此致以我们衷心的谢意。

我们真诚欢迎您对本教材提出宝贵意见和建议。如您在使用过程中有任何问题或需要相关资源,欢迎通过shenghuohanyu@gmail.com与我们联系。

2022年重印补记:利用此书重印的机会,我们在每课增加了“本课目标”和“主要语言点”,修订了不准确之处,感谢戎雪云等诸位老师的认真校正。

目　录

第十一课　我想学汉语

本课目标

1. 能介绍课程的安排 □
2. 能询问如何报名 □
3. 能介绍学习情况 □

主要语言点

1. 一下(儿) □
2. 可以 □
3. 时量补语 □
4. 从……开始到…… □
5. 次 □
6. 给……介绍…… □
7. 有……有……还有…… □
8. 因为……所以…… □
9. 先……然后…… □

一、热身练习：听后连线

我 的 一 天

9:00—11:00	13:30—15:00	16:00—18:30	19:00—21:00

二、对话

马克：你好！我想学汉语。

李丽：您好，这是我们汉语课的介绍，请先看一下。

马克：我星期一到星期五工作。周末有空。

李丽：那您可以上周末班。

马克：星期六和星期天都上课吗？

李丽：只有星期六有课，星期天没有课。

马克：这个班上多长时间？

李丽：从 9 月开始到 12 月，一共上 15 次。每次 6 节课。
　　　每节课上 1 个小时。

马克：学费是多少？

李丽：5 800 块。

马克：怎么报名？

李丽：您可以在网上报名。

马克：好的。谢谢！

李丽：不客气。

Mǎkè：Nǐ hǎo！ Wǒ xiǎng xué Hànyǔ。

Lǐ Lì：Nín hǎo，zhè shì wǒmen Hànyǔ kè de jièshào，qǐng xiān kàn
yí xià。

Mǎkè：Wǒ xīngqī yī dào xīngqī wǔ gōngzuò。Zhōumò yǒu kòng。

Lǐ Lì：Nà nín kěyǐ shàng zhōumò bān。

Mǎkè：Xīngqī liù hé xīngqī tiān dōu shàngkè ma？

Lǐ Lì：Zhǐyǒu xīngqī liù yǒu kè，xīngqī tiān méiyǒu kè。

Mǎkè：Zhè ge bān shàng duō cháng shíjiān？

Lǐ Lì：Cóng jiǔ yuè kāishǐ dào shí'èr yuè，yígòng shàng shíwǔ cì。
Měi cì liù jié kè。Měi jié kè shàng yí gè xiǎoshí。

Mǎkè：Xuéfèi shì duōshǎo？

Lǐ Lì：Wǔ qiān bā bǎi kuài。

Mǎkè：Zěnme bàomíng?

Lǐ Lì：Nín kěyǐ zài wǎngshàng bàomíng。

Mǎkè：Hǎo de。Xièxie！

Lǐ Lì：Bú kèqi。

听对话，选择正确答案。

(1) 马克在哪儿？

A. 医院　　B. 银行　　C. 学校　　D. 水果店

(2) 马克星期几可以上汉语课？

A. 星期一　　B. 星期三　　C. 星期五　　D. 星期六

三、课文

昨天我去汉语学校报名学汉语了。学校的老师给我介绍了不同的汉语班，有每天上课的五天班，有星期一、三、五上课的三天班，还有晚上班和周末班。因为我周一到周五都要上班，所以我选了周末班。老师告诉我可以先在网上报名，然后去学校付学费。我觉得在中国生活汉语很有用，我一定要好好学习、天天向上。

Zuótiān wǒ qù Hànyǔ xuéxiào bàomíng xué Hànyǔ le。Xuéxiào de lǎoshī gěi wǒ jièshào le bùtóng de Hànyǔ bān, yǒu měitiān shàngkè de wǔ tiān bān, yǒu xīngqī yī、sān、wǔ shàngkè de sān tiān bān, hái yǒu wǎnshang bān hé zhōumò bān。Yīnwèi wǒ zhōu yī dào zhōu wǔ dōu yào shàngbān, suǒyǐ wǒ xuǎnle zhōumò bān。Lǎoshī gàosu wǒ kěyǐ xiān zài wǎngshàng bàomíng, ránhòu qù xuéxiào fù xuéfèi。Wǒ juéde zài Zhōngguó shēnghuó Hànyǔ hěn yǒuyòng, wǒ yídìng yào hǎohǎo xuéxí、tiāntiān xiàng shàng。

读课文，回答问题。

(1) 这个学校有哪些汉语班？

(2) 学生怎么报名？

四、词汇

1. 想	xiǎng	want; to think
2. 一下(儿)	yí xiàr	in a short while 看一下儿，等一下儿，介绍一下儿
3. 周末	zhōumò	weekend
4. 有空	yǒukòng	to have free time
5. 那	nà	well (used at the beginning of the sentence to indicate a suggestion)
6. 可以	kěyǐ	may, have permission to

7. 上	shàng	to do 上课，上学，上班
8. 班	bān	class; work 汉语班，周末班，二班；上班
9. 上课	shàngkè	to go to class
10. 多长	duō cháng	how long (can refer to distance, length or time duration)
11. 时间	shíjiān	time
12. 开始	kāishǐ	to start, to begin
13. 次	cì	(measure word for frequency) 每天一次
14. 每	měi	every, each 每天，每个月，每年，每个人
15. 节	jié	(measure word for class periods) 一节课
16. 小时	xiǎoshí	hour
17. 学费	xuéfèi	tuition fees
18. 报名	bàomíng	to sign up, to register
19. 网上	wǎngshàng	on the Internet
20. 给	gěi	to (sb.); to give 我给你介绍一下儿；他给我一本书
21. 不同	bùtóng	different, not the same
22. 还	hái	in addition

23. 因为	yīnwèi	because
24. 所以	suǒyǐ	therefore, as a result, so
25. 选	xuǎn	to choose
26. 告诉	gàosu	to tell
27. 然后	ránhòu	then
28. 付	fù	to pay 付钱，付学费
29. 觉得	juéde	to feel, to think
30. 生活	shēnghuó	to live; life 他去中国生活了；我的生活
31. 有用	yǒuyòng	useful
32. 好好学习	hǎohǎo xuéxí	(idiomatic expression) to study hard
33. 天天向上	tiāntiān xiàng shàng	(idiomatic expression) to make progress everyday

五、语法解释

1. 一下(儿)

“一下(儿)”用在动词后面，表示以下这些意思。

“Yí xiàr” is preceded by a verb, expressing the following meanings.

(1) 表示动作时间比较短。To indicate the action lasts for a short time.

我想看一下你的书。I want to take a look at your book.

(2) 表示简要地做。To indicate to do the action briefly.

请你介绍一下自己。Please introduce yourself briefly.

(3) 缓和语气。To soften the tone.

请等一下。Please wait.

2. 可以

给建议。It's used to give suggestions or advice.

你可以试试那件衣服。You may try on that piece of clothing.

3. 时量补语

表示时间长度的短语像"一个小时""一年"等，用在动词的后面表示做动作的时长。

Duration phrases like "one hour", "one year" etc. can be used after verbs to indicate the length of an action.

我每天走一个小时。I walk for an hour every day.

他学了一年。He studied for a year.

如果动词后面有宾语，一般来说，动词需要重复。结构为"动词＋宾语＋动词＋时量结构"。或者在动宾结构中加上时间结构作定语。结构为"动词＋时量结构＋(的)＋宾语"。

If the verb has an object, it generally needs to be repeated and the structure is V.＋O.＋V.＋ duration of time. The duration of the action can also precede the object, acting as an attributive, the structure is V.＋ duration of time ＋(de)＋O.

他学汉语学了五年。He learned Chinese for five years.

他坐了五个小时的火车。He took the train for five hours.

如果宾语是代词或指人的名词，宾语就直接放在动词后面。

If the object is a pronoun or a noun referring to a person, it is placed after the verb.

我等了她三十分钟。I waited her for thirty minutes.

如果时量补语用来表示动作发生后经过的时间，那么这一补语要放在动宾结构后面。

If the duration refers to the period that occurred after the action happened, this complement is placed after the verb-object phrase.

我回上海两个星期了。I have been back to Shanghai for two weeks.

他们结婚五年了。They have been married for five years.

4. 从……开始到……

表示从一个时间到另一个时间。

Starting from one certain time to another.

从明天开始到下周一我们都要上课。We have lessons from tomorrow to next Monday.

5. 次

表示动作的数量。

It's a measure word referring to the frequency of the action.

这个药我每天吃几次？How many times should I take this medicine every day?

6. 给……介绍……

用于介绍，被介绍的人或东西放在“介绍”后面，听介绍的人放在“给”的后面。

It's the structure used to insert the listener by the preposition “gěi” when make an introduction.

我给您介绍一下儿李老师。Let me introduce Teacher Li to you.

7. 有……有……还有……

表示列举人或东西。

It is used to enumerate people or stuff.

公园里有跑步的年轻人，有读书的学生，还有打太极拳的老年人。There are young people running, students reading book out and seniors playing Taiji Boxing in the park.

8. 因为……所以……

表示原因和结果的连词。

These two conjunctions are used to express the causal relationship.

因为汉语很有用，所以我要学习汉语。Chinese is very useful, so I want to learn it.

9. 先……然后……

表示先后顺序的连词。

It denotes the sequence of the actions.

我先去超市买东西，然后去学校接儿子。I will head to the market to buy something and then go to the school to pick up my son.

六、语法练习

1. 请介绍________你们的汉语课。

A. 一起　　B. 一次

C. 一下　　D. 一天

2. 马克：我星期一到星期六都上班，没有时间来上课。

李丽：你________星期天来。

A. 可以　　B. 能　　C. 会　　D. 觉得

3. 李丽：你每天上________的汉语课？

马克：三个小时。

A. 几点　　B. 什么时候

C. 多长时间　　D. 多少

4. 我的汉语课从九月开始________十月。

A. 去　　B. 来　　C. 就　　D. 到

5. 你汉语课一个星期上几________？

A. 年　　B. 件　　C. 次　　D. 个

6. 服务员________我们介绍了很多菜。

A. 对　　B. 给　　C. 从　　D. 跟

7. ________汉语很有用，________我们要学习汉语。

A. 因为……所以……

B. 不但……而且……

C. 不是……还是……

D. 先……然后……

8. 我们店有很多水果，有苹果，有香蕉，________有西瓜。

A. 要　　B. 会　　C. 又　　D. 还

七、听说练习：听后选择图片，并复述

（　　）　　（　　）

（　　）

八、对话练习

李天：____________________？

马克：我想学武术。

李天：为什么？

马克：＿＿＿＿＿＿＿＿＿＿＿＿。（因为，觉得）

李天：＿＿＿＿＿＿＿＿＿＿＿＿？

马克：我想在附近一家武术学校学。

李天：＿＿＿＿＿＿＿＿＿＿＿＿？

马克：每星期两次，每次两个小时。

李天：多长时间？

马克：＿＿＿＿＿＿＿＿＿＿＿＿（从……开始到……）

李天：我也想学，怎么报名？

马克：＿＿＿＿＿＿＿＿＿＿＿＿（可以，先……然后……）

Lǐ Tiān：＿＿＿＿＿＿＿＿＿＿＿＿？

Mǎkè：　Wǒ xiǎng xué wǔshù。

Lǐ Tiān：Wèi shénme？

Mǎkè：　＿＿＿＿＿＿＿＿＿＿＿＿。（yīnwèi，juéde）

Lǐ Tiān：＿＿＿＿＿＿＿＿＿＿＿＿？

Mǎkè：　Wǒ xiǎng zài fùjìn yì jiā wǔshù xuéxiào xué。

Lǐ Tiān：＿＿＿＿＿＿＿＿＿＿＿＿？

Mǎkè：　Měi xīngqī liǎng cì，měi cì liǎng gè xiǎoshí。

Lǐ Tiān：Duō cháng shíjiān？

Mǎkè：　＿＿＿＿＿＿＿＿＿＿＿＿（cóng ...... kāishǐ dào ......）

Lǐ Tiān：Wǒ yě xiǎng xué，zěnme bàomíng？

Mǎkè：　＿＿＿＿＿＿＿＿＿＿＿＿（kěyǐ，xiān ...... ránhòu ......）

九、说写练习：用所给的语言点说、写每幅画的内容

1.　　　　2.

3.　　　　4.

（给……介绍……、有……有……还有……、V.＋duration of time、从……开始到……、因为……所以……）

十、同伴练习

A.

你报了什么班？	每天去几次？每次几个小时？	多长时间？	怎么报名？	一共多少钱？
英语班	每天一次，每次两个小时	从 3 月开始到 5 月	去学校	4 800 元
游泳班	一个星期两次，每次一个半小时	从 9 月 1 日到 11 月 1 日	在 www.youyong.com 网上报名	3 680 元

（B 同学看课末十、B）

十一、词语搭配

上（　　）　　（　　）一下儿

开始（　　）　　（　　）次

报名（　　）　　（　　）的生活

选（　　）　　可以（　　）

付（　　）　　有用的（　　）

十二、组句

1. 请　　汉语课　　一下　　介绍

____

2. 星期三　　只有　　课　　没有

____

3. 学费　　在　　您　　网上　　付　　可以

____

4. 每节课　　小时　　上　　两　　个

____

5. 课　　的　　一月开始　　从　　到　　三月结束　　我们

____

6. 老师　　介绍　　的　　爱好　　我们　　了　　他　　给

____

7. 汉语　　我　　因为　　很有用　　想　　学汉语　　报名　　所以

____

8. 今天　　先　　上班　　我　　去学校　　汉语　　学习　　然后

____

十、B.

你报了什么班？	每天去几次？每次几个小时？	多长时间？	怎么报名？	一共多少钱？
做中国菜的班	每个星期做一个菜，每次一个小时	从7月开始到9月	给学校打电话	1 680元
网球班	每周一次，每次三个小时	从12月5日到12月30日	先在网上报名，然后去学校付钱	2 200元

第十二课　她网球打得很棒

本课目标

1. 能介绍爱好 □
2. 能描述爱好的程度 □
3. 能就爱好做简单的对比 □

主要语言点

1. 情态补语	□	7. 最＋形容词	□
2. 但是/可是	□	8. 对	□
3. 会	□	9. 数量/名词/动词＋的时候	□
4. 多＋形容词	□	10. 有“了”的时量补语	□
5. 动词＋上	□	11. 陪	□
6. 真＋形容词/动词	□		

一、热身练习：看图片，说说他们都在做什么，问问你的同学都喜欢做什么，并找到你的“运动伙伴”

二、对话

李丽：王云，周末你有什么打算？

王云：我想去游泳，你有时间吗？一起去吧？

李丽：我有时间，可是我不会，我喜欢打网球。

王云：我也喜欢打网球。这样吧，这个周末我陪你一起去打网球，下个周末我再去游泳，怎么样？

李丽：那多不好意思。

王云：没事儿，一起运动更有意思。对了，叫上李美吧，她也很喜欢运动，网球打得很棒，我们还常常一起游泳呢。

李丽：你们真爱运动，我最大的爱好是吃好吃的。

Lǐ Lì：Wáng Yún，zhōumò nǐ yǒu shénme dǎsuàn?

Wáng Yún：Wǒ xiǎng qù yóuyǒng，nǐ yǒu shíjiān ma? Yìqǐ qù ba?

Lǐ Lì：Wǒ yǒu shíjiān，kěshì wǒ bú huì，wǒ xǐhuan dǎ wǎngqiú。

Wáng Yún：Wǒ yě xǐhuan dǎ wǎngqiú。zhèyàng ba，zhè ge zhōumò wǒ péi nǐ yìqǐ qù dǎ wǎngqiú，xià ge zhōumò wǒ zài qù yóuyǒng，zěnmeyàng?

Lǐ Lì：Nà duō bù hǎoyìsi。

Wáng Yún：Méi shìr，yìqǐ yùndòng gèng yǒuyìsi。Duì le，jiào shàng Lǐ Měi ba，tā yě hěn xǐhuan yùndòng，wǎngqiú dǎ de hěn bàng，wǒmen hái chángcháng yìqǐ yóuyǒng ne。

Lǐ Lì：Nǐmen zhēn ài yùndòng，wǒ zuì dà de àihǎo shì chī hǎochī de。

听对话，选择正确答案。

（1）王云和李丽这个周末打算做什么？

A. 游泳　　B. 打网球　　C. 吃好吃的　　D. 休息

(2) 王云下个周末可能会做什么?

A. 游泳　　B. 打网球　　C. 打羽毛球　　D. 休息

三、课文

我喜欢游泳,差不多每个星期游两次,每次游一个小时。我觉得游泳对身体很有好处,还能减肥。李美最喜欢打网球,她从大学的时候开始打,已经打了二十几年了,打得很棒。她羽毛球也打得很好,但是我打得不太好,所以她常常教我打羽毛球。

Wǒ xǐhuan yóuyǒng,chàbuduō měi ge xīngqī yóu liǎng cì,měi cì yóu yí gè xiǎoshí。Wǒ juéde yóuyǒng duì shēntǐ hěn yǒu hǎochù,hái néng jiǎnféi。Lǐ Měi zuì xǐhuan dǎ wǎngqiú,tā cóng dàxué de shíhou kāishǐ dǎ,yǐjīng dǎ le èrshí jǐ nián le,dǎ de hěn bàng。Tā yǔmáoqiú yě dǎ de hěn hǎo,dànshì wǒ dǎ de bú tài hǎo,suǒyǐ tā chángcháng jiāo wǒ dǎ yǔmáoqiú。

读课文,回答问题。

(1) "我"为什么喜欢游泳?

(2) 李美打网球打得怎么样? 羽毛球呢?

四、词汇

1. 网球	wǎngqiú	tennis
2. 打	dǎ	to play 打网球，打篮球
3. 得	de	(a structural partical used between a verb and a complement) 打得很好，走得很快
4. 棒	bàng	very well, great, excellent
5. 打算	dǎsuàn	plan, intend
6. 游泳	yóuyǒng	swimming; to swim
7. 一起	yìqǐ	together 跟朋友一起
8. 可是	kěshì	but
9. 会	huì	can, to be able to 会打网球
10. 喜欢	xǐhuan	to like
11. 这样吧	zhèyàng ba	well (to offer a suggestion)
12. 陪	péi	to accompany 陪你打网球
13. 下	xià	next 下个周末
14. 多	duō	how, so 多好看啊，多不好意思
15. 不好意思	bù hǎoyìsi	embarrassed

16. 没事儿	méi shìr	It's nothing.
17. 运动	yùndòng	(to do) exercise
18. 更	gèng	more 更好，更有意思
19. 有意思	yǒuyìsi	interesting
20. 对了	duì le	by the way
21. 叫	jiào	to call 叫上她
22. 上	shàng	(It is used as a resultative complement to indicate that separate things are joined together, or one thing is attached to another.) 爱上她
23. 常常	chángcháng	often, usually
24. 呢	ne	(a particle used at the end of the statement to emphasize the fact that may not be known by the listener)
25. 真	zhēn	really 真好，真喜欢
26. 爱	ài	to like, to love 爱打网球
27. 最	zuì	most 最喜欢打网球
28. 爱好	àihào	hobby, appetite
29. 差不多	chàbuduō	almost

30. 对	duì	to, for 对身体有好处
31. 好处	hǎochù	benefits
32. 能	néng	be able to 能减肥
33. 减肥	jiǎnféi	to lose weight
34. 大学	dàxué	university
35. 时候	shíhou	(the duration of) time, when 大学的时候
36. 已经	yǐjīng	already
37. 几	jǐ	a few, some 几年,几天,几个月
38. 年	nián	year 一年,半年,一年半
39. 羽毛球	yǔmáoqiú	badminton
40. 但是	dànshì	but
41. 不太	bú tài	not too 不太好,不太喜欢

五、语法解释

1. 情态补语

用来描述动作做得怎么样。这一补语主要用于"动词+得+形容词(词组)"结构中。

The complement of manner is used to illustrate how one does

something or how something is done. The structure is V. + de + Adj.(phrase).

他说得很流利。He speaks very fluently.

他游泳游得很好。He swims very well.

否定式：动词+得+不(太)+形容词

Negative form：V. + de + bú(tài)+ Adj.

我羽毛球打得不太好。I don't play badminton very well.

我汉字写得不太漂亮。I don't write Chinese characters well.

问句：动词+得+怎么样/形容词吗？/形容词+不+形容词？

Question form：V. + de + zěnmeyàng/Adj. ma？/Adj. + bù+Adj.？

他羽毛球打得怎么样？How does he play badminton?

他游泳游得好吗？Does he swim well?

他跑得快不快？Does he run fast?

2. 但是/可是

都用来表示转折，"但是"/"可是"后面的分句是句子的重点。

Both "dànshì"and "kěshì" indicate a high degree of transition. They are used to emphasize the part following"dànshì"or "kěshì" in a sentence.

我会打羽毛球，但是打得不太好。I can play badminton, but I don't play well.

我想学习汉语，可是我没有太多时间。I want to learn Chinese,

but I don't have much time.

3. 会

“会”是个能愿动词,用在动词前面,表示通过学习而获得某种能力,否定式是“不会+动词”。

“Huì” is a modal verb. It is used before a verb, indicating acquiring an ability through learning. Its negative form is “bú huì+ V. ”.

我会打网球。I can play tennis.

她不会游泳。She can't swim.

你会说汉语吗? Can you speak Chinese?

还有一个能愿动词“能”,一般用在动词前面,表示一种能力或者可能。“能”还常常用在疑问句“能……吗”中,表示请求、希望获得许可或同意。

“Néng” is another modal verb. It is usually used before a verb to form the predicate indicating an ability or a possibility. The interrogative sentence structure “néng …… ma” is often used to indicate a request for permission.

她今天下午能去超市。She can go to the supermarket this afternoon.

他能喝两瓶啤酒。He can drink two bottles of beer.

我能坐这儿吗? Can I sit here?

4. 多+形容词

副词“多”用在形容前,表示程度很高,含有夸张的语气和强烈的感情色彩。句末常常会有“啊”。多用于感叹句中。

The adverb “duō” is used before an adjective, indicaing a high degree. It contains an exaggerated tone and strong emotion. “A” is usually used at the end of the sentence. The structure “duō + Adj. + a” is always used in the exclamatory sentence.

今天的天气多好啊！What a nice day today!

这里的风景多漂亮啊！How beautiful the scenery is here!

5. 动词+上

“动词 + 上”是结果补语。“上”在这里指将两个分开的东西或人联系起来，或一个依附在另一个上。

The structure of “V. + shàng” can be used as a resultative complement to indicate that separate things are joined together, or one thing is attached to another.

请你在这儿写上名字。Please write down your name here.

你可以穿上外套吗？Can you put on your coat?

6. 真+形容词/动词

“真”是一个副词，用来表示程度高，而且常常含有吃惊的意味。常用“真+形容词/动词”的结构来表示感叹。

“Zhēn” is an adverb used to indicate a high degree, and often express surprise. “Zhēn + Adj. /V.” is a structure for making exclamations.

这儿真漂亮。How beautiful it is here!

你羽毛球打得真好。You play badminton so well.

7. 最+形容词

表示在同类事物或某方面占第一位。

The structure of "zuì + Adj." means being the first among things of the same kind or in a certain aspect.

他的汉语最好。His Chinese is the best.

他最大的爱好是打网球。His biggest hobby is playing tennis.

8. 对

介词"对"可以表示人和人、人和物、物和物之间的对待关系。

The preposition "duì" indicates a subject-target relation between people or things.

游泳对身体很有好处。Swimming is good for health.

抽烟对身体没有好处。Smoking is not good for health.

看电视对学习汉语有帮助。Watching TV is good for learning Chinese.

9. 数量/名词/动词 + 的时候

表示时间。介词"从"用在"……的时候"前面，引出一段时间，后面常常跟"开始"一起搭配使用。

"Num-M/N./V. + de shíhou" means at the time that something happens. The preposition "cóng" used before "…… de shíhou" emphasizes the starting point of a period of time, often used together with "kāishǐ".

我从大学的时候开始打羽毛球。I started playing badminton when I was in college.

她从十岁的时候开始学习汉语。She began to learn Chinese when she was ten years old.

10. 有“了”的时量补语

(1) 动词＋了＋时量

表示动作所用的时间。这类动词必须是能够表示持续的。

“V. ＋ le＋ time duration” is used to indicate how long an action has lasted. The verb used here must be the one indicating an action that can continue.

我学了两个小时。I studied for two hours.

她睡了一上午。She slept all morning.

(2) 动词＋了＋时间＋了

表示到说话的时候动作用了多长时间，之后可能还在持续。

“V. ＋ le＋ time ＋ le” is used to indicate how long an action has lasted and the action will still continue likely.

她看电视看了一个小时了。She has been watching TV for an hour.

我打网球打了十年了。I’ve been playing tennis for ten years.

11. 陪

动词“陪”用在“A＋陪＋B＋动词”中，表示A为了B而和B一起做某事，A陪伴B。其中A和B都是指人的名词。

The verb "péi" is used in the structure of "A + péi + B + V.", indicating A accompanies B to do something. Note that A and B always are person(s).

我陪他去医院了。I accompanied him to the hospital.

爸爸陪孩子踢足球了。Dad played soccer with kids.

六、语法练习

1. 刚来上海的时候，我不________说汉语，所以来学习。

A. 能　　B. 可以

C. 想　　D. 会

2. 我喜欢游泳，因为游泳________身体有好处，还________减肥。

A. 是……能　　B. 会……能

C. 对……能　　D. 对……会

3. 我不太舒服，你可以________我去医院吗？

A. 对　　B. 要

C. 陪　　D. 从

4. 李丽也很喜欢游泳，咱们叫________她一起去吧。

A. 陪　　B. 对

C. 下　　D. 上

5. 今天的天气________好啊，咱们出去运动吧。

A. 多　　B. 可

C. 对　　D. 会

6. 他________的时候开始打羽毛球，每天都打一个小时。

A. 是大学　　　　B. 对大学

C. 从大学　　　　D. 跟大学

7. 他有很多爱好，羽毛球、游泳、网球，________喜欢的是网球。

A. 更　　　　B. 最

C. 太　　　　D. 多

8. 李丽：你游泳游得真好，已经很长时间了吧？

王云：是啊，我游________十几年________。

A. 得……了　　　　B. 了……了

C. 从……了　　　　D. 了……的

9. 他_A_打_B_羽毛球_C_打_D_真好。（得）

七、听说练习：听后连线，并复述

王云	打篮球	打得不太好	周日下午
李丽	游泳	打得非常好	周二下午
李天	打羽毛球	游得很棒	周六上午
马克	打网球	打得不是很好	周五下午

八、对话练习

李丽：____________________？

王云：我跟李美去打羽毛球，________？

李丽：____________________。（……，可是……）

王云：没事儿。我也________(得)。李美打得很棒。

李丽：她怎么打得这么好?

王云：____________________。(从……的时候,V. + 了+时间 + 了)。

李丽：你们每个星期都去打吗?

王云：____________________。(差不多,次)

李丽：你们真喜欢运动。

王云：____________________。(对……有好处,能)

李丽：我也想去,不过一个人没意思,________。(叫上)

王云：____________________。(陪)

Lǐ Lì：____________________?

Wáng Yún：Wǒ gēn Lǐ Měi qù dǎ yǔmáoqiú,________?

Lǐ Lì：____________________。(……,kěshì ……)

Wáng Yún：Méi shìr。Wǒ yě ________(de)。Lǐ Měi dǎ de hěn bàng。

Lǐ Lì：Tā zěnme dǎ de zhème hǎo?

Wáng Yún：____________________。(cóng …… de shíhou,V. + le + duration of time + le)。

Lǐ Lì：Nǐmen měi ge xīngqī dōu qù dǎ ma?

Wáng Yún：____________________。(chàbuduō,cì)

Lǐ Lì：Nǐmen zhēn xǐhuan yùndòng。

Wáng Yún：____________________。(duì …… yǒu hǎochù,néng)

Lǐ Lì：Wǒ yě xiǎng qù,búguò yí gè rén méi yìsi,________。(jiào shàng)

Wáng Yún：____________________。(péi)

九、说写练习：用所给的语言点说、写每幅画的内容

1.　　2.

3.

4.

（会、V.＋duration of time、每、V.＋得（不）……、多 Adj.啊）

十、同伴练习

A.

他(她)是谁?	他有什么爱好?	从什么时候开始……?	……了多长时间了?	每个星期……几次?	他……得怎么样?
李丽	打网球	从去年开始打	差不多打了一年了	每个星期打一次	打得一般
李天	踢足球	从中学的时候开始踢	踢了二十几年了	每个星期踢一次	踢得很好

(B同学看课末十、B)

十一、词语搭配

想去(　　)　　　　(　　)得很(　　)

一起(　　)　　　　常常(　　)

陪你(　　)　　　　多(　　)

对(　　)很有好处　　　　从(　　)的时候开始

能(　　)　　　　教我(　　)

十二、组句

1. 游泳　他　游　棒　得　很

____

2. 网球　我　会　打　不

____

3. 一起　我　去　衣服　陪　你　买

____

4. 学习　他　大学　从　的时候　汉语　开始

____

5. 网球　了　我　已经　了　打　五年

____

6. 好处　运动　身体　很多　对　有

____

7. 羽毛球　他　我　常常　陪　打

____

8. 汉语　我　学习　差不多　每个　三天　星期

____

十、B.

他（她）是谁？	他有什么爱好？	从什么时候开始……？	……了多长时间了？	每个星期……几次？	他……得怎么样？
王云	游泳	从大学的时候开始	已经游了十几年了	每个星期游三次	游得非常好
马克	打羽毛球	从工作以后开始打	打了五六年了	每个星期打两次	打得很棒

第十三课　我坐校车来学校

本课目标

1. 能简单介绍交通工具 □
2. 能介绍乘车或打车 □
3. 能简单说明交通情况 □

主要语言点

1. 连动句 □
2. 要是……的话，就…… □
3. 数量词＋多 □
4. 可能补语 □
5. 又……又…… □
6. 越来越＋形容词/动词 □
7. 有时候……有时候…… □
8. 时间＋就 □

一、热身练习

 1. 听后连线，然后说说他们怎么去学校。

马克　　　　王云　　　　山本

2. 问问同学们每天怎么来学校。

同学的名字	怎么来学校

二、对话

马克：你每天怎么来学校？

王云：我坐校车来，很方便。

马克：坐校车要多长时间？

王云：要是不堵车的话，二十多分钟就到了。你怎么来学校？

马克：我也想坐校车，可是我住得很远，所以只能坐地铁。

王云：坐地铁也很方便。

马克：对，但是早上有点儿挤，所以有时候我打车来，不过常常打不到。

王云：你可以用打车软件啊。

马克：什么打车软件？给我推荐一下。

王云：好啊。下次你可以试试，很好用。

Mǎkè：Nǐ měitiān zěnme lái xuéxiào?

Wáng Yún：Wǒ zuò xiàochē lái，hěn fāngbiàn。

Mǎkè：Zuò xiàochē yào duō cháng shíjiān?

Wáng Yún：Yàoshi bù dǔchē de huà，èrshí duō fēnzhōng jiù dào le。Nǐ zěnme lái xuéxiào?

Mǎkè：Wǒ yě xiǎng zuò xiàochē，kěshì wǒ zhù de hěn yuǎn，suǒyǐ zhǐ néng zuò dìtiě。

Wáng Yún：Zuò dìtiě yě hěn fāngbiàn。

Mǎkè：Duì，dànshì zǎoshang yǒudiǎnr jǐ，suǒyǐ yǒushíhou wǒ dǎchē lái，búguò chángcháng dǎ bu dào。

Wáng Yún：Nǐ kěyǐ yòng dǎchē ruǎnjiàn a。

Mǎkè：Shénme dǎchē ruǎnjiàn? Gěi wǒ tuījiàn yí xià。

Wáng Yún：Hǎo a。Xiàcì nǐ kěyǐ shìshi，hěn hǎoyòng。

听对话，选择正确答案。

（1）王云坐校车多长时间到学校？

A. 二十分钟　　B. 不到二十分钟

C. 二十多分钟　　D. 半小时

（2）马克不坐地铁的时候，怎么去学校？

A. 骑自行车　　B. 走路　　C. 坐校车　　D. 坐出租车

三、课文

我每周一、三、五去学校学习汉语。我家离学校很近，走路十多分钟就到了。天气好的时候，我骑自行车去学校，又方便又能锻炼身体。周末我常常和家人一起去上海周边玩，有时候自己开车，有时候用打车软件叫车，真是越来越方便了。

Wǒ měi zhōu yī、sān、wǔ qù xuéxiào xuéxí Hànyǔ。Wǒ jiā lí xuéxiào hěn jìn，zǒulù shí duō fēnzhōng jiù dào le。Tiānqì hǎo de shíhou，wǒ qí zìxíngchē qù xuéxiào，yòu fāngbiàn yòu néng duànliàn shēntǐ。Zhōumò wǒ chángcháng hé jiārén yìqǐ qù Shànghǎi zhōubiān wán，yǒushíhou zìjǐ kāi chē，yǒushíhou yòng dǎchē ruǎnjiàn jiào chē，zhēn shì yuèláiyuè fāngbiàn le。

读课文，回答问题。

(1) 骑自行车去学校的好处是什么？

(2) 他怎么去上海周边玩儿？

四、词汇

1. 坐	zuò	to sit; to be seated; to travel by
2. 校车	xiàochē	school bus
3. 来	lái	to come
4. 方便	fāngbiàn	convenient
5. 堵车	dǔchē	traffic jam
6. 要是……的话	yàoshì…… dehuà	if
7. 多	duō	much; many
8. 分钟	fēnzhōng	minute
9. 就	jiù	as soon as
10. 地铁	dìtiě	subway, metro
11. 对	duì	correct
12. 早上	zǎoshang	morning
13. 有点儿	yǒudiǎnr	a little
14. 挤	jǐ	to squeeze; crowded 挤上车，挤不上；地铁很挤

15. 有时候	yǒushíhou	sometimes
16. 打车	dǎchē	to take a taxi 打两辆车，打不到车
17. 不过	búguò	but, however
18. 用	yòng	to use
19. 软件	ruǎnjiàn	software
20. 推荐	tuījiàn	to recommend
21. 好用	hǎoyòng	easy to use
22. 近	jìn	near, close
23. 走路	zǒulù	to walk
24. 天气	tiānqì	weather
25. 骑	qí	to ride
26. 自行车	zìxíngchē	bicycle
27. 家人	jiārén	family members
28. 周边	zhōubiān	periphery, surroundings, perimeter
29. 玩	wán	to play
30. 自己	zìjǐ	oneself
31. 开车	kāi chē	to drive (a car)
32. 叫车	jiào chē	to call for a taxi
33. 越来越……	yuèláiyuè......	more 越来越快，越来越好

五、语法解释

1. 连动句

谓语由两个或两个以上的动词或动词词组组成的句子，这样的句子叫“连动句”。结构如“动词$_1$＋宾语$_1$＋动词$_2$＋宾语$_2$”。

The predicate of this type of sentence consists of two or more verbs or verb phrases. The structure is “V.$_1$＋O.$_1$＋V.$_2$＋O.$_2$”.

(1) 表示动作行为的方式。Indicate the means of the action.

我坐飞机去北京。I go to Beijing by plane.

(2) 表示动作行为的目的。Indicate the purpose of an action.

我去上海工作。I'm going to work in Shanghai.

2. 要是……的话，就……

表示在假设的情况下产生的结果。

“Yàoshì ......de huà，jiù ......”indicates the result of a hypothetical condition.

要是你努力的话，就能把汉语学好。If you work hard, you can learn Chinese well.

“要是”和“的话”常用于口语中，可省略。

“Yàoshì” and “de huà” are commonly omitted in spoken Chinese.

3. 数量词＋多

“多”用在数量词后，一般表示不确定的数量，这里的数词为十位以上的整数。

“Duō” is used after the quantifier which is an integer that more than ten, to express an unspecified number.

我走路十多分钟就到学校了。It takes me more than 10 minutes to walk to school.

4. 可能补语

表示主客观条件是否允许进行某种动作或实现某种结果和变化。

The complement of potential indicates whether a condition (subjective or objective) allows an act to take place, or an effect or change to be realized.

(1) 肯定式:动词+得+结果补语/趋向补语

The affirmative form: V. + de + Complement of result / Complement of direction

今天的工作做得完吗? Can you finish your work today?

(2) 否定式:动词+不+结果补语/趋向补语

The negative form: V. + bù + Complement of result / Complement of direction

下雨天打不到出租车。I can't get a taxi on a rainy day.

5. 又……又……

用来连接形容词、动词或动词、形容词词组,表达两种情况或状态同时存在。

"Yòu……yòu……" is used to connect adjectives, verbs, verbal phrases or adjectival phrases to denote simultaneous existence of two conditions.

这个苹果又大又好吃。The apple is big and delicious.

6. 越来越+形容词/动词

表示事物的程度随时间的发展而变化。

The structure "yuèláiyuè + Adj./V." is used to indicate that something changes in degree with the progress of time.

她越来越漂亮了。She is becoming more and more beautiful.

7. 有时候……有时候……

表示事情或情况偶尔发生,不是常常。

It indicates that something or situation happens occasionally, not often.

星期一下午我有时候学习汉语,有时候去游泳。I sometimes study Chinese and sometimes go swimming on Monday afternoon.

8. 时间+就

"就"是副词,这里表示事情发生的比预期的早。

"Jiù" is an adverb used here to express something happens earlier or takes less time than expected.

(1) 表示说话人认为时间早。

Indicate the speaker feels it is earlier than expected.

他早上七点就来了。He came quite early in the morning.

(2) 表示说话人认为用的时间少。

Indicate the speaker thinks the action takes less time.

她20分钟就做完了。She finished the job in only twenty minutes.

六、语法练习

1. ________明天不下雨，我们________去爬山吧。

A. 因为……所以……　　B. 要是……就……

C. 先……然后……　　D. 有时候……有时候……

2. 我们班有十________个同学，大家每天在一起学习汉语。

A. 少　　B. 很多　　C. 多　　D. 很少

3. 我们不常去那个公园，因为离我家________远。

A. 一点儿　　B. 一下儿

C. 一起　　D. 有点儿

4. 今天的工作你做________完吗？

A. 的　　B. 得　　C. 地　　D. 能

5. 我很喜欢那家饭店，菜________好吃________便宜。

A. 越……越……　　B. 因为……所以……

C. 又……又……　　D. 要是……就……

6. 她学习很努力，所以汉语说得________好了。

A. 不太　　B. 越来越　　C. 有点儿　　D. 越来

7. 他很喜欢游泳，________自己去游泳，________和家人一起去。

A. 要是……就……　　B. 因为……所以……

C. 不但……然后……　　D. 有时候……有时候……

8. 那家咖啡馆很近，走路五分钟________到了。

A. 才　　B. 能　　C. 就　　D. 会

七、听说练习：听后连线，并复述

	走路
	离公司有点儿远
李美	坐飞机或者火车
	骑自行车
	打车
玛丽	学习汉语
	离公司不远
	网上买票
王云	坐公交车
	打车软件

八、对话练习

马克：＿＿＿＿＿＿＿＿＿＿＿＿＿＿？

李丽：周末我要和家人去苏州。

马克：＿＿＿＿＿＿＿＿＿＿＿＿＿＿？（怎么）

李丽：＿＿＿＿＿＿＿＿＿＿＿＿＿＿。（要是……就……）

马克：苏州很近，开车去的话很快就到了。

李丽：你们周末去哪儿玩？

马克：我们想去迪士尼(Díshìní，Disney Land)或者去爬山。

李丽：周末迪士尼的人＿＿＿＿＿。（有点儿）

爬山不错啊，__________________。(又……又……)

马克：是啊，迪士尼离我家也有点儿远。

李丽：我觉得在上海去远的地方坐地铁比较方便。

Mǎkè：__________________?

Lǐ Lì：Zhōumò wǒ yào hé jiārén qù Sūzhōu。

Mǎkè：__________________?（zěnme）

Lǐ Lì：__________________?（yàoshì ...... jiù ......）

Mǎkè：Sūzhōu hěn jìn，kāi chē qù de huà hěn kuài jiù dào le。

Lǐ Lì：Nǐmen zhōumò qù nǎr wán?

Mǎkè：Wǒmen xiǎng qù Díshìní huòzhě qù pá shān。

Lǐ Lì：Zhōumò Díshìní de rén ________。（yǒudiǎnr）

Pá shān bú cuò a，__________________。（yòu ...... yòu ......）

Mǎkè：Shì a，Díshìní lí wǒ jiā yě yǒudiǎnr yuǎn。

Lǐ Lì：Wǒ juéde zài Shànghǎi qù yuǎn de dìfang zuò dìtiě bǐjiào fāngbiàn。

九、说写练习：用所给的语言点说、写每幅画的内容

3. 4.

（打算、方便、有点儿、更、先……再……）

十、同伴练习

A.

周末去哪儿了？	怎么去的？	路上用了多长时间？	觉得方便吗？	有什么建议？
Zhūjiājiǎo 朱 家 角	开车	一个半小时	路上有点儿堵	要是开车的话，要早点出门
Wǔhàn 武 汉	坐飞机	四个多小时	飞机晚点	高铁准时，车站也离市区比较近，坐火车可能更方便

（B 同学看课末十、B）

十一、词语搭配

坐（　　）	（　　）很方便
骑（　　）	（　　）很好用
挤（　　）	有点儿（　　）
玩（　　）	又（　　）又（　　）
（　　）软件	越来越（　　）

十二、组句

1. 堵车　开车　我们　要是　不　就

____

2. 要　我　公司　二十　家　多　到　分钟　从

____

3. 六点　挤　地铁　晚上　有点儿

____

4. 下雨　不　到　车　打　的时候

____

5. 自行车　又　骑　方便　快　又

____

6. 方便　生活　上海　越来越　在

____

7. 游泳　有时候　我　羽毛球　打　周末　有时候

____

8. 三个月　　和中国人　　就　　学了　　只　　她　　能　　聊天了

____

十、B.

周末去哪儿了？	怎么去的？	路上用了多长时间？	觉得方便吗？	有什么建议？
Nánjīng 南京	坐高铁	一个多小时	很方便	提前在12306.cn网上买票
新天地	打车	四十多分钟	车太多，很堵(dǔ)	坐地铁可能更快

第十四课　我要办一张银行卡

本课目标

1. 能介绍如何办银行卡、会员卡 □
2. 能简单介绍如何网上购物 □

主要语言点

1. “把”字句 □
2. 动词＋来/去 □
3. 结果补语：动词(写/拿)＋好 □
4. 而且 □
5. 先……然后……最后…… □

一、热身练习：看图对话

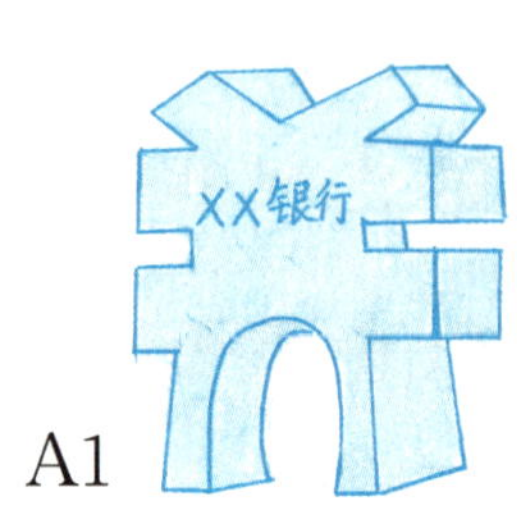

A1

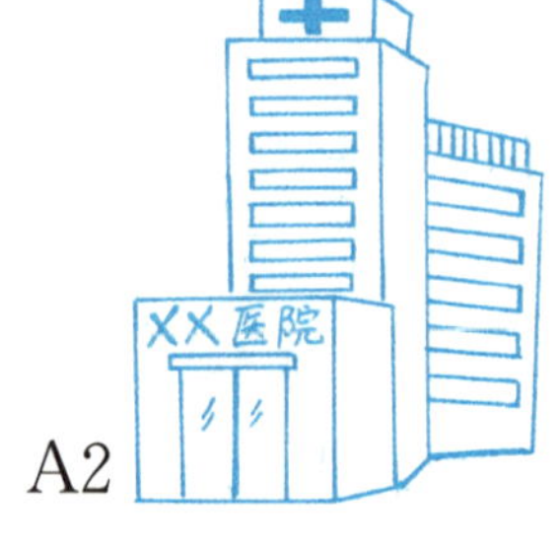

A2

A3

例：A：你去银行做什么？

B：我去银行换钱。

二、对话

（请25号到2号窗口。）

马　　克：您好，我要办一张银行卡。

工作人员：请把护照给我。

马　　克：好，给您。

工作人员：请从那儿拿一张表来填一下儿。

马　　克：不好意思，我的汉语不太好，怎么填表？

工作人员：在这儿写姓名，这儿写护照号码，这儿写您的电话和住址。

马　　克：我不会写汉字，可以写英文吗？

工作人员：可以。

马　　克：写好了，给您。

工作人员：请输一个密码，再输一次。

……

工作人员：请在这儿签字。拿好您的卡。

马　　克：谢谢！

（Qǐng èrshíwǔ hào dào èr hào chuāngkǒu。）

Mǎkè：Nín hǎo，wǒ yào bàn yì zhāng yínhángkǎ。

Gōngzuò rényuán：Qǐng bǎ hùzhào gěi wǒ。

Mǎkè：Hǎo，gěi nín。

Gōngzuò rényuán：Qǐng cóng nàr ná yì zhāng biǎo lái tián yí xiàr。

Mǎkè：Bù hǎoyìsi，wǒ de Hànyǔ bú tài hǎo，zěnme tián biǎo？

Gōngzuò rényuán：Zài zhèr xiě xìngmíng，zhèr xiě hùzhào hàomǎ，
zhèr xiě nín de diànhuà hé zhùzhǐ。

Mǎkè：Wǒ bú huì xiě Hànzì，kěyǐ xiě Yīngwén ma？

Gōngzuò rényuán：Kěyǐ。

Mǎkè：Xiě hǎo le，gěi nín。

Gōngzuò rényuán：Qǐng shū yí gè mìmǎ，zài shū yí cì。

……

Gōngzuò rényuán：Qǐng zài zhèr qiānzì。Ná hǎo nín de kǎ。

Mǎkè：Xièxie！

听对话，选择正确答案。

（1）马克在哪儿？

A. 医院　B. 银行　C. 学校　D. 水果店

（2）马克要做什么？

A. 取钱　B. 换钱　C. 办卡　D. 填表

（3）马克填表不用填什么？

A. 护照号码　B. 姓名　C. 住址　D. 学校

三、课文

你知道中国的“购物节”是哪天吗？是11月11日。这一天很多商场和网站都打折。现在越来越多的人喜欢在网上买东西，因为又便宜又方便。你得先有一张银行卡，而且能在网上支付，然后在网站上注册一个账户，把喜欢的东西放到购物车里，最后用银行卡支付就可以了。

Nǐ zhīdào Zhōngguó de “Gòuwù Jié” shì nǎ tiān ma? Shì 11 yuè 11 rì。Zhè yì tiān hěn duō shāngchǎng hé wǎngzhàn dōu dǎzhé。Xiànzài yuèláiyuè duō de rén xǐhuan zài wǎngshàng mǎi dōngxi，yīnwèi yòu piányi yòu fāngbiàn。Nǐ děi xiān yǒu yì zhāng yínhángkǎ，érqiě néng zài wǎngshàng zhīfù，ránhòu zài wǎngzhàn shàng zhùcè yí gè zhànghù，bǎ xǐhuan de dōngxi fàng dào gòuwù chē li，zuìhòu yòng yínhángkǎ zhīfù jiù kěyǐ le。

读课文，回答问题。

(1) 中国的“购物节”是哪天？

(2) “购物节”的时候人们做什么？

(3) 怎么在网上买东西？

四、词汇

1. 办	bàn	to do 办卡，办事儿
2. 张	zhāng	(a measure word for flat objects) 一张银行卡，一张照片，一张纸
3. 卡	kǎ	card
4. 把	bǎ	(a structural word indicating a thing is disposed of) 把护照给我，把钱给我
5. 护照	hùzhào	passport
6. 拿	ná	to take
7. 表	biǎo	table
8. 填	tián	to fill or stuff, (of a form etc) to fill in 填表，填一下
9. 姓名	xìngmíng	full name
10. 电话	diànhuà	telephone
11. 住址	zhùzhǐ	address
12. 汉字	Hànzì	Chinese characters
13. 英文	Yīngwén	English
14. 输	shū	to enter 输密码、输入
15. 密码	mìmǎ	password
16. 签字	qiānzì	to sign
17. 知道	zhīdào	to know

18. 购物	gòuwù	shopping
19. 节	jié	festival
20. 商场	shāngchǎng	shopping mall
21. 网站	wǎngzhàn	website
22. 便宜	piányi	cheap, inexpensive
23. 打折	dǎzhé	to sell at a discount, to give a discount
24. 得	děi	have to
25. 而且	érqiě	moreover, besides
26. 支付	zhīfù	to pay
27. 注册	zhùcè	to register
28. 账户	zhànghù	account
29. 放	fàng	to put; to let off, to let go
30. 里	lǐ	inside 学校里,银行里,里边
31. 最后	zuìhòu	final, last; finally

五、语法解释

1. “把”字句

这一课的“把”字句表示使事物的位置移动。

The “bǎ” of this lesson is used to express the idea of the position of something is changed.

(1) 主语+把+名词+给+人

表示主语通过动作，使名词的位置变化，给了别人。

S. ＋ bǎ＋ N. ＋ gěi ＋ sb.　The structure indicates that somebody changes the position of the noun, thus the noun has moved from a place to somebody.

他把礼物给妈妈了。He gave the gift to his mother.

课文中的句子“把护照给我”，是表示把某个东西给某人的祈使句。也可以用“给我护照”这一句子，但这两个句子的意思不完全一样。

The sentence in the text “Bǎ hùzhào gěi wǒ” is the imperative sentence meaning give sth. to sb. You can also use sentence “Gěi wǒ hùzhào”, but the meaning of these two sentences is not exactly the same.

把护照给我。(强调要把护照给我，而不是别的东西。Emphasize give the passport to me, not something else.)

给我护照。(只是一般的祈使句，要求别人给我护照。Just a general imperative sentence, ask someone to give me a passport.)

(2) 主语＋把＋名词＋动词＋到＋地方

表示主语通过动作，把一个东西或人从一个地方移动到另一个地方。

S. ＋ bǎ＋ N. ＋ V. ＋ dào ＋ Place　The structure indicates that somebody changes the position of the noun, thus the noun has moved from a place to another place.

他把喜欢的东西放到购物车里。He put the favorite stuff into the shopping cart.

我把照片送到了办公室。I sent the picture to the office.

注意:“把”字句中的名词是要定指的。

Note: The noun in the “bǎ” sentence is to be defined.

2. 动词+来/去

表示通过动作使人或者事物向说话人的方向移动,或者远离说话人的方向。

“V.+lái/qù” means move or change the position of person or things towards the the speaker, or away from the speaker.

拿来/拿去 bring/take

出来/出去 come out/go out

(1) 如果宾语是地方,一定放在“来”和“去”之前。

If the object is a locational noun, it must be placed between verb and “lái” or “qù”.

学生们都进教室来了。All the students came into the classroom.

他昨天回国去了。He went back to his home country yesterday.

(2) 如果宾语是事物,可以放在“来”和“去”之前,也可以在之后。宾语在后面的句子更常用。而在祈使句中,宾语在前面的结构更常用。

If the object is something, it can be placed either before or after “lái” and “qù”, but the one that the object after the “lái” or “qù” is more commonly used. In some cases, like imperative sentences, the object placed before the "lái" or "qù" is more common than the other one.

我买来一本书。I bought a book.

你买一本书来。You buy a book and come back.

3. 结果补语：动词(写/拿)＋好

动词后面加上形容词"好"做补语，表示动作完成了，并且完成得很好，很满意。意思和"动词＋完"相似，但是有时不能替换。

The resultative complement: V. (write/take) ＋hǎo The adjective "hǎo" is used as a resultative complement after verb, indicating that an action is completed to satisfaction. The structure "V.＋wán" is also used to express the meaning of complete or finish, but they cannot interchange in some cases.

请拿好您的卡。Please take your card well.

这个句子里"好"不能换成"完"，这里的"好"指拿上并且保管好。

In this sentence, "hǎo" cannot be replaced by "wán", since it doesn't mean complete, but offers the suggestion that not forget the card and take it firmly.

我写好了。I wrote it well.

这个句子也可以用"我写完了"，但是"我写好了"除了表示写这个动作完成了以外，还表示我已经准备好做后续的动作了。

In this sentence, "wán" can be used instead, but besides the meaning of completion, "hǎo" also indicates that the actor is ready for the action that follows.

否定的时候用"没(有)",提问时可以使用"……了没有"。

"Méi (yǒu)" is commonly used in negation, and "…… le méiyǒu" is used for a V./A.-not-V./A. question.

你写好了没有? Did you finish it?

我没写好。I have not finished yet.

4. 而且

连词,连接词语或者句子,表示进一层的意思。

"Érqiě" is a conjunction, which means in addition and can connect words, indicating that two actions happen at the same time or successively. It can also connect sentences, expressing the meaning of the further situation.

过生日的时候,我们唱歌而且吃蛋糕。When celebrating birthday, we sing and eat cakes.

这本书介绍了生活中用的汉语,而且有很多例子。This book introduced Chinese language used in life, and also offered many examples.

5. 先……然后……最后……

first …… then …… last

我想先学习汉语,然后去中国旅行,最后在中国上大学。I want to learn Chinese first, then travel to China, and finally go to college in China.

6. 地点状语

(1) 在＋地点＋动词

意思是在一个地方做某件事情或者某个动作。

"Zài ＋place ＋V." means to do something or an action in a place.

在这儿写姓名。Write your name here.

请在这儿签字。Please sign here.

你先在网站上注册一个账户。You first register an account on the website.

(2) 动词＋在＋地方

表示动作发生后使某个事物发生了变化。

"V.＋ zài ＋place" is used to indicate the direction that the action leads to.

请写在这儿。Please write here.

在表示住的地方、出生和发生的意思时，以上两个句型都可以，常用的动词是"住、出生、发生"。

When it refers to living, birth or happen, the above two structures can be interchangeable. The commonly-used verbs are "zhù (to live), chūshēng(to be born), fāshēng(to take place)".

她住在中山西路。/她在中山西路住。She lives in Zhongshan West Road.

我出生在上海。/我在上海出生。I was born in Shanghai.

六、语法练习

1. 老师把蛋糕放________了桌子上。

A. 上　　B. 下　　C. 到　　D. 给

2. 请________护照给我。

A. 你的　　B. 一本　　C. 给　　D. 把

3. 今天我们学习第一课，你们________汉语书来了吗？

A. 学　　B. 带　　C. 寄　　D. 填

4. 我和姐姐都在上海工作，下个星期她要到北京________。

A. 去　　B. 来　　C. 里　　D. 上

5. 教室外面有人找老师，他出________了。

A. 来　　B. 去　　C. 到　　D. 给

6. 这是你的护照，请拿________。

A. 对　　B. 给　　C. 到　　D. 好

7. 这家餐厅的菜很好吃，________也很便宜。

A. 所以　　B. 还

C. 然后　　D. 而且

8. 去年我姐姐________中国学习汉语。

A. 在　　B. 再　　C. 给　　D. 对

七、听说练习：听后回答问题，并复述

1. 马克要做什么？

____

2. 马克要把快递寄到哪儿？

____

3. 快递寄到北京要多长时间？

____

4. 快递员什么时候来？

____

5. 马克的手机号码是多少？

____

6. 如果马克要寄十公斤东西，他要付多少钱？

____

八、对话练习

马　　克：您好，我要办一张借书卡。

工作人员：______________________。（拿……来，填）

马　　克：好，给您。

工作人员：请去那儿拍一张照片。

……

工作人员：______________________。（V.＋好）

马　　克：不好意思，怎么借书？

工作人员：______________________。（先……然后……最后……）

马　　克：______________________？

工作人员：可以借30天。

马　　克：谢谢！

Mǎkè：Nín hǎo，wǒ yào bàn yì zhāng jièshūkǎ。

Gōngzuò rényuán：________________________。(ná ...... lái，tián)

Mǎkè：Hǎo，gěi nín。

Gōngzuò rényuán：Qǐng qù nàr pāi yì zhāng zhàopiàn。

......

Gōngzuò rényuán：________________________。(V.+hǎo)

Mǎkè：Bù hǎo yìsi，zěnme jiè shū?

Gōngzuò rényuán：________________________。(xiān ...... ránhòu ...... zuìhòu ......)

Mǎkè：________________________?

Gōngzuò rényuán：Kěyǐ jiè 30 tiān。

Mǎkè：Xièxie！

九、说写练习：用所给的语言点说、写每幅画的内容

1. 

2. 

3.

4.

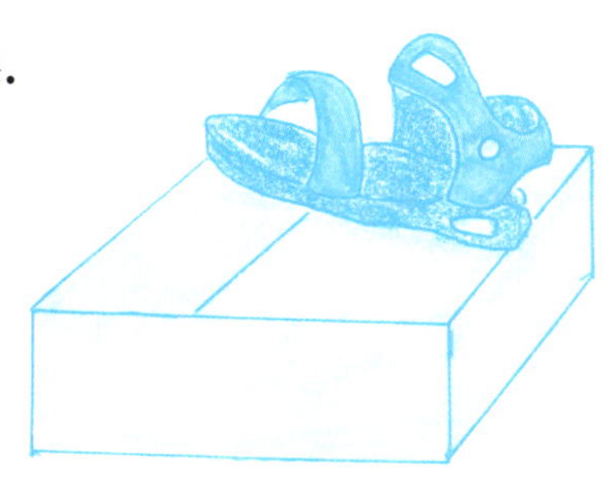

（先……然后……最后……、……把……、V.到 ……、在……V.、V.好、有点儿……、V.来/去）

十、同伴练习

A.

你办什么卡？	去哪儿办？	要带什么？ （把……带上）	怎么办？ （先……然后……）
手机卡	手机营业厅	护照	填表、付费
会员卡	网上	不用	填姓名、输密码

（B 同学看课末十、B）

十一、词语搭配

办（　　）	（　　）节
拿（　　）	（　　）一次
填（　　）	（　　）到北京
注册（　　）	（　　）照片
需要（　　）	用（　　）支付

十二、组句

1. 我　一张　要　银行卡　办

____

2. 请　的　好　您　卡　拿

____

3. 一张　从　拿　来　那儿　表　请

____

4. 在　又　便宜　买　又　方便　网上　东西

____

5. 请　在　和　住址　你的电话　写　这儿

____

6. 你　把　放　可以　的　东西　喜欢　购物车　到　里

____

十、B.

你办什么卡?	去哪儿办?	要带什么? (把……带上)	怎么办? (先……然后……)
信用卡	银行	护照	填表、交表
健身卡	健身房	照片	填时间、付费

第十五课　今天天气还不错

本课目标

1. 能描述天气的特点 □
2. 能描述季节的不同 □
3. 能介绍不同天气能做的事情 □
4. 能对比不同地方的季节、天气 □

主要语言点

1. 了 □
2. 还＋形容词 □
3. 要/就要……了 □
4. 看来 □
5. 只是 □
6. 动词＋(了)＋时间＋了 □
7. 虽然……，但(是)…… □
8. 挺 □
9. 只好 □
10. 如果……(的话)，……就…… □
11. 跟 □
12. 会 □

一、热身练习：看图片，说说这些都是什么天气，可以做什么？你和你的同学们都喜欢什么天气

二、对话

王云：春天来了，该出去运动运动了。今天天气还不错，不冷也不热。咱们去爬山吧。

李丽：天气预报说，今天空气污染严重，不适合运动。

王云：那明天怎么样？

李丽：听说明天下大雨。

王云：后天可以吧？

李丽：后天好像要降温，刮大风，大概降10度呢。

王云：看来最近天气都不好，周末怎么样？

李丽：我看看……周末还不错，晴天，20多度。只是……

王云：只是什么？

李丽：只是我想在家睡懒觉。

王云：你这个人啊……

Wáng Yún：Chūntiān lái le，gāi chūqù yùndong yùndong le。Jīntiān tiānqì hái búcuò，bù lěng yě bú rè。Zánmen qù páshān ba。

Lǐ Lì：Tiānqì yùbào shuō，jīntiān kōngqì wūrǎn yánzhòng，bú shìhé yùndòng。

Wáng Yún：Nà míngtiān zěnmeyàng？

Lǐ Lì：Tīngshuō míngtiān xià dàyǔ。

Wáng Yún：Hòutiān kěyǐ ba？

Lǐ Lì：Hòutiān hǎoxiàng yào jiàngwēn，guā dàfēng，dàgài jiàng shí dù ne。

Wáng Yún：Kànlái zuìjìn tiānqì dōu bù hǎo，zhōumò zěnmeyàng？

Lǐ Lì：Wǒ kànkan …… Zhōumò hái bú cuò，qíngtiān，èrshí duō dù。Zhǐshì ……

Wáng Yún：Zhǐshì shénme？

Lǐ Lì：Zhǐshì wǒ xiǎng zài jiā shuì lǎnjiào。

Wáng Yún：Nǐ zhè ge rén a ……

听对话，选择正确答案。

（1）明天天气怎么样？

A. 空气污染　　B. 下大雨

C. 要降温　　D. 晴天

（2）下面哪句话是对的？

A. 现在是秋天。　　B. 今天天气很冷。

C. 周末要下大雨。　　D. 李丽不想去运动。

三、课文

我来上海两年了，已经习惯了这里的生活。这里一年有四个季节，春、秋两个季节很短，夏、冬比较长。现在这里是冬天，虽然没有下雪，但还是挺冷的。空气污染的时候，我们只好待在房间里。天气好的时候，我会和朋友们一起出去运动运动。我的老家在澳大利亚，那里现在是夏天，如果你们怕冷，就跟我一起回国玩吧。

Wǒ lái Shànghǎi liǎng nián le, yǐjīng xíguànle zhèli de shēnghuó。Zhèli yì nián yǒu sì gè jìjié, chūn、qiū liǎng gè jìjié hěn duǎn, xià、dōng bǐjiào cháng。Xiànzài zhèli shì dōngtiān, suīrán méi yǒu xiàxuě, dàn háishì tǐng lěng de。Kōngqì wūrǎn de shíhou, wǒmen zhǐhǎo dāi zài fángjiān lǐ。Tiānqì hǎo de shíhou, wǒ huì hé péngyoumen yìqǐ chūqù yùndong yùndong。Wǒ de lǎojiā zài Àodàlìyà, nàli xiànzài shì xiàtiān, rúguǒ nǐmen pà lěng, jiù gēn wǒ yìqǐ huí guó wán ba。

读课文，回答问题。

（1）“我”觉得上海的天气怎么样？

（2）“我”的老家在哪儿？现在是什么季节？

四、词汇

1. 还	hái	still 还不错，还可以
2. 不错	búcuò	not bad
3. 春天	chūntiān	spring
4. 出去	chūqù	to go out
5. 热	rè	hot
6. 咱们	zánmen	we; let’s 咱们走吧。

7. 爬山	pá shān	to climb the mountain
8. 天气预报	tiānqì yùbào	weather forecast
9. 空气	kōngqì	air
10. 污染	wūrǎn	pollution
11. 严重	yánzhòng	serious 污染严重，病得很严重
12. 适合	shìhé	to be suitable for 适合去外面运动
13. 听说	tīngshuō	to hear about, to hear of
14. 下雨	xiàyǔ	to rain; raining
15. (大)雨	(dà)yǔ	(heavy) rain 下大雨
16. 后天	hòutiān	the day after tomorrow
17. 好像	hǎoxiàng	to seem like, as if
18. 降温	jiàngwēn	to drop in temperature, to cool down
19. 降	jiàng	to decline 降温，下降
20. 刮	guā	to blow (wind)
21. (大)风	(dà)fēng	gale, high wind
22. 度	dù	degree 21 度，零下 5 度
23. 看来	kànlái	it appears, it seems 看来他不喜欢这个颜色
24. 最近	zuìjìn	recently, lately
25. 晴天	qíngtiān	a sunny day, sunshine

26. 睡懒觉	shuì lǎnjiào	to get up late, to take a long lazy sleep
27. 习惯	xíguàn	to get used to; habit 习惯这里的生活；早起是好习惯
28. 这里	zhèli	here
29. 季节	jìjié	season
30. 春	chūn	spring
31. 秋	qiū	autumn
32. 夏	xià	summer
33. 冬	dōng	winter
34. 冬天	dōngtiān	winter
35. 比较	bǐjiào	relatively 比较冷，比较热
36. 虽然	suīrán	although
37. 下雪	xiàxuě	to snow; snowing
38. 挺	tǐng	quite, rather 挺好的，挺冷的，挺热的
39. 只好	zhǐhǎo	to have no choice but to
40. 待	dāi	to stay 待在家里，待在房间里
41. 房间	fángjiān	room
42. 会	huì	will 会下雨，不会降温
43. 老家	lǎojiā	hometown, native place

44. 那里	nàli	there
45. 如果	rúguǒ	if
46. 怕	pà	to be afraid of 怕冷，怕生病，怕黑
47. 跟	gēn	with, and 跟朋友一起
48. 回	huí	to return, to turn round, to go back 回国，回家，回宿舍
49. 澳大利亚	Àodàlìyà	Australia

五、语法解释

1. 了

“了”用在句子末尾，表示变化或者新的情况发生或出现。

“Le” is used at the end of a sentence to indicate a change or the occurrence of a new situation.

他今年 30 岁了。He is 30 years old this year.

天气暖和了。The weather is warm.

2. 还+形容词

表示一般、勉强过得去、不好不坏，比如“还不错”。

“Hái + (positive) Adj.” means that something is not bad or acceptable, like “hái búcuò” means not bad.

这件衣服还不错。This dress is not bad.

我妈妈的身体还行。My mother's health is not too bad.

3. 要/ 就要……了

表示某事将要发生。前面可以加具体的时间。

"Yào/jiùyào ...... le" is a structure indicating that something is going to happen. It can be preceded by specific time.

(明天)要下雨了。It's going to rain (tomorrow).

他们(下周末)就要结婚了。They're getting married (next weekend).

4. 看来

"看来"的意思是"看起来,看上去",用在句子的前面来表达某个人关于一件事情的看法。

"Kànlái" means "it seems/appears that" or "it looks as if", which is an independent element of a sentence, often used to express one's opinion about a situation.

他不说话,看来是不太喜欢。He didn't talk. It seems that he doesn't like it.

天那么黑,看来要下雨了。It's so dark, and looks like going to rain.

5. 只是

"只是"是连词,表示转折,意思和"不过"差不多,语气比"不过"更轻。

"Zhǐshì" is a conjunction indicating transition. It is very similar to "búguò", but the degree is lighter than "búguò".

我很喜欢这里,只是我有点儿累,想回去休息。I like here, but I'm a little tired and want to go back to have a rest.

这个炒饭很好吃，只是我已经吃饱了。This fried rice is delicious, but I'm already full.

6. 动词 +（了）+时间+了

表示动作发生后到说话时经过的时间。这里的动词是不持续性的。

"V. +(le) + Time + le" indicates the period of time occurred after the action took places. The verbs used here is usually discontinous ones.

我来上海4个月了。I've been in Shanghai for 4 months.

她毕业半年了。She graduated for half a year.

7. 虽然……，但（是）……

连接两个分句，构成一种转折关系。"虽然"不能单独用，要和"但是"一起用。

"Suīrán ……, dànshì ……" are subordinating conjunctions, which connect two clauses, expressing the meaning of transition. "Suīrán" is always used with "dànshì".

虽然外面很冷，但是房间里很暖和。It's cold outside, but it's warm in the room.

虽然这件衣服很贵，但是非常漂亮。Although the dress is expensive, it is very beautiful.

8. 挺

副词"挺"常用于"挺+形容词+的"，表示程度很高，但一般比"很"程度低。多用于口语。

The adverb "tǐng" is always used in the structure "tǐng + Adj. + de", indicating a high degree of something, but usually lower than "hěn". It is commonly used in the spoken language.

今天的天气挺冷的。It's cold today.

他羽毛球打得挺好的。He plays badminton well.

9. 只好

副词"只好"表示没有别的办法了,是"不得不"的意思。

The adverb "zhǐhǎo" means one has no alternative choice. It has the same meaning as "bùdébù".

下雨了,我只好待在宿舍里。It's raining. I have to stay in the dormitory.

她不在家,我只好明天再来。She is not at home; I have to come back tomorrow.

10. 如果……(的话),……就……

用于连接表示假设关系的分句。引出的分句用于口语时,后面可以加"的话"。第二个分句的主语要放在"就"的前边。用于口语时,"如果"也可以用"要是"替换。

The structure "rúguǒ …… (de huà) jiù ……" is used to connect a conditional clause. "De huà" can be added in the subordinate clause in the spoken language. The subject of the second clause should be placed right before "jiù". "Yàoshì" is another synonyms of "rúguǒ" in the spoken language.

如果不舒服，你就回宿舍休息吧。If you don't feel well, you can go back to the dorm to have a rest.

如果明天不下雨，我们就去超市。If it doesn't rain tomorrow, we'll go out to the supermarket.

如果你喜欢，就买吧。If you like, buy it.

11. 跟

介词"跟"用在"A＋跟＋B＋一起＋动词"中，表示A和B一起做某事。其中A和B都是指人的名词。

The preposition "gēn" is used in the structure of "A ＋ 跟 ＋ B ＋ yìqǐ＋ V.", meaning A and B to do an action together. Note that A and B always are person(s).

我跟她一起打网球。I play tennis with her.

他跟朋友一起去超市了。He went to the supermarket with his friends.

12. 会

"会"是能愿动词，用在"会＋动词"中，表示句子中所说的情况有可能实现。

"Huì" is a modal verb, often used in the form of "huì＋ V.", indicating the possibility of the situation mentioned.

明天会下雨。It will rain tomorrow.

她下午会来。She will come this afternoon.

明天我不会迟到。I won't be late tomorrow.

六、语法练习

1. 刮风了，明天________降温了。

A. 能　　B. 可以　　C. 要　　D. 会

2. 这件衣服 100 块，________便宜的。

A. 真　　B. 挺　　C. 多　　D. 还

3. 今天天气________可以，咱们出去玩儿吧。

A. 还　　B. 真　　C. 会　　D. 多

4. 李丽：今天空气污染很严重，不能出去。

王云：那咱们________待在房间里了。

A. 只好　　B. 只是　　C. 如果　　D. 会

5. 李丽：老师，我感冒了。

老师：________很不舒服，就回去休息吧。

A. 因为　　B. 只是　　C. 如果　　D. 只好

6. 李丽：王云，外面刮大风了，还下雨了。

王云：________明天要降温了。

A. 如果　　B. 看来　　C. 只好　　D. 只是

7. 我没有生病，________有点儿累。

A. 因为　　B. 如果　　C. 所以　　D. 只是

8. 学________三个月，他的汉语已经说得很好________。

A. 了……了　　B. 了……/　　C. /……了　　D. 了……的

9. 李丽：明天一起去爬山吧？

王云：听说明天下雨。

李丽：今天天气这么好，明天________下雨吗？

A. 要　　B. 可以　　C. 想　　D. 会

七、听说练习：听后填表，并复述

问　　题	李　美	丽　莎
她在哪儿？		
气温多少度？		
天气怎么样？		
空气怎么样？		

八、对话练习

李丽：王云，你有时间吗？

王云：有，什么事？

李丽：____________________？（跟）

王云：明天吧，____________________。（会）

李丽：明天天气怎么样？

王云：____________________。（挺……的，只是）

李丽：____________________？（如果……就……）

王云：好的，你想去哪儿买啊？

李丽：网上说南京路那儿不错。

王云：____________________。（虽然……但是……）

李丽：是吗？ ____________________（看来）。那咱们去哪儿？

王云：我也不知道，____________________（只好）

Lǐ Lì：Wáng Yún，nǐ yǒu shíjiān ma？

Wáng Yún：Yǒu，shénme shì？

Lǐ Lì：____________________？（gēn）

Wáng Yún：Míngtiān ba，____________________。（huì）

Lǐ Lì：Míngtiān tiānqì zěnmeyàng？

Wáng Yún：____________________。（tīng …… de，zhǐshì）

Lǐ Lì：____________________？（rúguǒ …… jiù ……）

Wáng Yún：Hǎo de，nǐ xiǎng qù nǎr mǎi a？

Lǐ Lì：Wǎngshàng shuō Nánjīng lù nàr bú cuò。

Wáng Yún：____________________。（suīrán …… dànshì ……）

Lǐ Lì：Shì ma？ ____________________（kànlái）。Nà zánmen qù nǎr？

Wáng Yún：Wǒ yě bù zhīdào ____________________（zhǐhǎo）

九、说写练习：用所给的语言点说、写每幅画的内容

1.

2.

3.

4.

（跟……一起、但是、V. ＋ 了＋ time、只好）

十、同伴练习

A.

你打算去哪儿？ 去做什么？	天气怎么样？ 怎么去？	你打算跟谁去？ 为什么？
中山公园 拍照	晴天，20 度，空气很好 坐地铁去	跟李美一起去 她拍照挺好的
Hā'ěr bīn 哈 尔 滨 滑雪	小雪，零下 5 度，空气很好 坐飞机去	跟家人一起去 一家人在一起会很开心

（B 同学看课末十、B）

十一、词语搭配

该（　　）了	大概（　　）
还（　　）	比较（　　）
不（　　）也不（　　）	怕（　　）
适合（　　）	只好（　　）
明天会（　　）的	（　　）的时候

十二、组句

1. 明天　你　下雨　觉得　吗　会

____

2. 羽毛球　他　好　得　的　打　挺

____

3. 感冒　我　要　了　可能

____

4. 喜欢　就　买　如果　吧　衣服　这件

____

5. 今天　他　来　看来　了　不

____

6. 地铁　我　朋友　常常　一起　坐　跟

____

7. 忙　我　只是　想　很　去　最近　有点儿

____

8. 刮　　虽然　　大风　　不太　　但是　　冷

____

十、B.

你打算去哪儿？ 去做什么？	天气怎么样？ 怎么去？	你打算跟谁去？ 为什么？
北京 旅行	晴天，16度，空气还可以 坐高铁去	跟马克一起去 如果喜欢北京， 我们就去北京学汉语
Shànghǎi Bówùguǎn 上海博物馆 cānguān 参观	小雨，15度，空气不太好 坐公共汽车去	跟同屋一起去 他就要回国了， 我陪他再去一次

第十六课　你是怎么订的

本课目标

1. 能介绍旅行计划 □
2. 能描述旅行过程 □
3. 能给出旅行建议 □

主要语言点

1. 那么 □
2. 是……的 □
3. 顺便 □
4. “趟”和“顿” □
5. 极了 □
6. 最好 □
7. 像……什么的 □
8. 好好儿 □

一、热身练习：听后完成表格，并说说他们有什么打算

他们想去哪儿？	什么时候去？	怎么去？	怎么买车票？	怎么订酒店？

二、对话

王云：李丽，端午节放假，你们有什么打算？

李丽：我们想去苏州玩儿两天。

王云：那个时候人会很多吧？

李丽：是的，所以我们周三下午出发，周五上午回来，人不会那么多。

王云：好办法。车票和酒店都订好了？

李丽：嗯，订好了。订的是周三下午的高铁G7592，回来是周五的G7012，半个小时就到了。

王云：你们住哪儿？

李丽：我们住金鸡湖边上的一个酒店，网上评价不错。

王云：你们是怎么订的？

李丽：高铁是在12306网站上订的，酒店是让旅行社订的。

王云：知道了，谢谢。

Wáng Yún：Lǐ Lì,Duānwǔ Jié fàngjià,nǐmen yǒu shénme dǎsuàn?

Lǐ Lì：Wǒmen xiǎng qù Sūzhōu wánr liǎng tiān。

Wáng Yún：Nà ge shíhou rén huì hěn duō ba?

Lǐ Lì：Shì de,suǒyǐ wǒmen zhōu sān xiàwǔ chūfā,zhōu wǔ shàngwǔ huílái,rén bú huì nàme duō。

Wáng Yún：Hǎo bànfǎ。Chēpiào hé jiǔdiàn dōu dìng hǎo le?

Lǐ Lì：Èn,dìng hǎo le。Dìng de shì zhōu sān xiàwǔ de gāotiě G7592,huílái shì zhōu wǔ de G7012,bàn gè xiǎoshí jiù dào le。

Wáng Yún：Nǐmen zhù nǎr?

Lǐ Lì：Wǒmen zhù Jīnjī Hú biānshang de yí gè jiǔdiàn,wǎngshàng píngjià bú cuò。

Wáng Yún：Nǐmen shì zěnme dìng de?

Lǐ Lì：Gāotiě shì zài 12306 wǎngzhàn shàng dìng de,jiǔdiàn shì ràng lǚxíngshè dìng de。

Wáng Yún：Zhīdào le,xièxie。

听对话,选择正确答案。

(1) 她们端午节要去哪儿?

A. 杭州　　B. 苏州　　C. 南京　　D. 北京

(2) 她们怎么去?

A. 坐飞机　　B. 开车　　C. 坐汽车　　D. 坐高铁

（3）她们的酒店是怎么订的？

A. 打电话订的　　B. 在网站上订的

C. 让旅行社订的　　D. 让朋友订的

三、课文

上周末，我老公去北京出差，我们全家也顺便去北京玩儿了一趟。我们是坐高铁去的，坐飞机回来的。酒店是在网上订的。北京的秋天不冷也不热，风景漂亮极了，如果想去北京旅游，最好秋天去。北京还有很多好吃的，像北京烤鸭、炸酱面什么的，我们一家人好好儿吃了一顿。

Shàng zhōumò, wǒ lǎogōng qù Běijīng chūchāi, wǒmen quánjiā yě shùnbiàn qù Běijīng wánrle yí tàng。Wǒmen shì zuò gāotiě qù de,zuò fēijī huílái de。Jiǔdiàn shì zài wǎngshàng dìng de。Běijīng de qiūtiān bù lěng yě bú rè,fēngjǐng piàoliang jí le, rúguǒ xiǎng qù Běijīng lǚyóu,zuìhǎo qiūtiān qù。Běijīng hái yǒu hěn duō hǎochī de,xiàng Běijīng kǎoyā、zhájiàngmiàn shénme de, wǒmen yì jiā rén hǎohāor chīle yí dùn。

读课文，回答问题。

（1）他们家为什么去北京？怎么去的？

（2）他们觉得北京怎么样？

四、词汇

1. 苏州	Sūzhōu	Suzhou
2. 端午节	Duānwǔ Jié	Dragon Boat Festival
3. 放假	fàngjià	to take a holiday 放假了，放三天假，放寒假
4. 下午	xiàwǔ	afternoon
5. 出发	chūfā	to start off, to depart
6. 上午	shàngwǔ	morning, a.m., forenoon
7. 回来	huílái	to come back, to return
8. 那么	nàme	so 那么好，那么热，那么近
9. 办法	bànfǎ	way, method 没办法，有办法，好办法
10. 车票	chēpiào	ticket (of train or bus) 火车票，买车票
11. 酒店	jiǔdiàn	hotel 订酒店
12. 订	dìng	to book, to reserve 订位子，订酒店

13. 嗯	èn	hum
14. 高铁	gāotiě	the high-speed train
15. 金鸡湖	Jīnjī Hú	Golden Roster Lake
16. 边	biān	side, edge 边上，旁边
17. 评价	píngjià	to evaluate, to appraise, to estimate
18. 让	ràng	let (sb. to do sth.) 让他出去，让同学帮忙
19. 旅行社	lǚxíngshè	travel agency
20. 上	shàng	last 上周末，上个星期
21. 老公	lǎogōng	husband
22. 北京	Běijīng	Beijing (the capital of China)
23. 出差	chūchāi	to go business, to be on a business trip
24. 全	quán	whole, entire 全家，全国，全班
25. 顺便	shùnbiàn	by the way, incidentally, in passing
26. 趟	tàng	(a quantifier used after a verb) 去了一趟，跑了一趟，回了一趟
27. 飞机	fēijī	airplane
28. 风景	fēngjǐng	scenery, sightseeing
29. 漂亮	piàoliang	beautiful, pretty

30. 极了	jí le	extremely, exceedingly 漂亮极了，好看极了
31. 最好	zuìhǎo	had better to do sth., had best 最好不要出去
32. 北京烤鸭	Běijīng kǎoyā	Beijing Roast Duck
33. 炸酱面	zhájiàngmiàn	noodles with the soybean paste
34. 什么的	shénme de	and so on 打篮球、踢足球什么的
35. 一家人	yì jiā rén	all of the family members
36. 好好儿	hǎohāor	well, to one's heart's content 好好儿休息，好好儿学习
37. 顿	dùn	(a quantifier of meal) 一顿饭，吃了一顿

五、语法解释

1. 那么

表示达到了某种程度。

"Nàme" here indicates the meaning of reaching a certain degree.

虽然今天下雨，但是去公园看花的人还是那么多。Although it's raining today, there are still so many visitors going to the park to view the flower blossom.

你为什么还是那么困？Why are you still so sleepy?

2. 是……的

用来强调已经发生或者完成的动作的时间、地点、方式、目的、施事和受事等。“是”可以放在要强调的内容前面。在肯定句中，“是”可以省略。否定句中，“是”不能省略。

“Shì …… de” can be used to emphasize the time, location, manner, purpose, subject and object etc., of an action that has already taken place or completed. “Shì” can be placed before the element of a sentence that needs to be emphasized. In the affirmative sentence, “shì” may be omitted. In the negative sentence, “shì” cannot be omitted.

这件衣服是昨天买的。It was yesterday that this piece of clothing was bought.

我们晚饭是在饭店吃的。It was in the restaurant that we had our dinner.

今天的早饭是妈妈做的。It was my mother who made today's breakfast.

我是坐地铁来学校的。It was by subway that I came to school.

这本书不是我买的，是朋友送给我的。It was not I who bought the book, it was given by my friend.

3. 顺便

副词，表示借着做一件事情的机会，做另外一件事情。“顺便”后面的事情与前面的事情相比不是主要的。

The adverb “shùnbiàn” indicates taking advantage of one opportunity to do another thing. The action precedes “shùnbiàn” is more primary or important than another action used after “shùnbiàn”.

我去超市买菜,顺便买了点儿水果。I went to the supermarket to buy some vegetables; by the way, I bought some fruit.

A:我要去书店买书,你去吗?

B:我有事儿,你能不能顺便帮我买本词典?

A: I'm going to the bookstore to buy books. Do you want to go with me?

B: I am not available, could you do me a favor to buy a dictionary there?

4. "趟"和"顿"

动量词,用在动词后面。"趟"用于一来一往的动作;"顿"常用于饭食的次数。

"Tàng" and "dùn" are verb classifiers here. They are always used after a verb. "Tàng" refers to a round trip; "dùn" refers to the times of meal.

周末我去了一趟北京。I had a trip to Beijing during the weekend.

我们去吃一顿好吃的吧。Let's have a nice meal.

5. 极了

用在"形容词/心理动词+极了"中,表示最高程度。

"Jí le" is used in the form of "Adj./ Mental V. + jí le", indicating the superlative degree.

今天的天气好极了。Today's weather is excellent.

他高兴极了。He is extremely happy.

6. 最好

表示最理想的选择，最大的希望。

"Zuìhǎo" means "had better", indicating the best choice or hope.

今天很冷，我们最好待在家里。It's cold today. We'd better stay at home.

现在堵车，你最好坐地铁去。It's a traffic jam; you'd better take the subway.

7. 像……什么的

用于举例，"什么的"用在所举例子的后面，表示还有与所举例子类似的情况，常用在口语中。

"Xiàng …… shénme de" is the structure for giving examples. "Shénme de" is used after the example(s), meaning there are still other things that are similar to the example(s). It is usually used in the spoken language.

我喜欢很多水果，像苹果、香蕉、葡萄什么的。I like many fruits, such as apples, bananas, grapes and so on.

食堂里有很多好吃的，像炒饭、包子、牛肉什么的。There are a lot of delicious foods served in the dining hall, such as fried rice, steamed stuffed bun, beef and so on.

8. 好好儿

用在动词前面，表示尽力地、认真地做某事。

"Hǎohāor" precedes a verb, indicating to do something

conscientiously or carefully.

周末你们好好儿休息。Have a good rest on weekends.

我们要好好儿学习。We should study hard.

六、语法练习

1. 王云：你这件衣服真漂亮，在哪儿买的？

   李丽：________在网上买的。

   A. 跟　　B. 是　　C. 正　　D. 现

2. 听说你要去书店，能________帮我买一本汉语书吗？

   A. 可以　　B. 觉得　　C. 顺便　　D. 适合

3. 他有很多爱好，________打网球、游泳________。

   A. 跟……一样　　B. 从……的

   C. 是……的　　D. 像……什么的

4. 李丽：你什么时候回来？

   王云：周五回来。

   李丽：周五下午常常堵车，你________早点儿回来。

   A. 只好　　B. 只是　　C. 最好　　D. 好像

5. 王云：周末去哪儿？

   李丽：没有打算，在家________休息。

   A. 好好儿　　B. 极了　　C. 那么　　D. 最好

6. 李丽：咱们走路去书店吧？

   王云：________远，还是坐地铁吧。

A. 真　　B. 多　　C. 那么　　D. 挺

7. 好久不见，今天有时间吗？咱们去饭店________吃一________。

A. 只好……顿　　B. 顺便……次

C. 最好……次　　D. 好好儿……顿

8. 李丽：周末有什么打算？

王云：我们想去________北京，那里有几个好朋友。

A. 顿　　B. 趟　　C. 个　　D. 上

9. 上海的夏天热________。

A. 那么　　B. 极了　　C. 多　　D. 很

七、听说练习

1. 听后完成表格。

他们的打算	
他们想去哪儿？	
多少人？	
多长时间？	
别的要求	

2. 说一说女生的旅行打算，并且给出一个好的旅行建议。

旅行建议

八、对话练习

王云：李丽，谢谢你请我们来你家吃饭。

李丽：不客气，我也很高兴你们能来。

王云：这些菜都是你做的吗？

李丽：有的是，________________。（是……的）

王云：你老公还会做菜？________________。（那么）

李丽：还好。你们吃，好吃就多吃点儿。尝尝这个，怎么样？

王云：________________。（极了）用什么做的？

李丽：________________。（是……的）

王云：那个是什么？

李丽：那个不是我们做的，________________。（……，顺便……）

王云：我不太会做饭，只会一些简单的，________________。（像……什么的）

李丽：简单点好，现在外面的外卖不一定卫生，________________。（最好）

Wáng Yún：Lǐ Lì，xièxie nǐ qǐng wǒmen lái nǐ jiā chī fàn。

Lǐ Lì：Bú kèqi，wǒ yě hěn gāoxìng nǐmen néng lái。

Wáng Yún：Zhè xiē cài dōu shì nǐ zuò de ma？

Lǐ Lì：Yǒu de shì，________________。（shì …… de）

Wáng Yún：Nǐ lǎogōng hái huì zuò cài？________________。（nàme）

Lǐ Lì：Hái hǎo。Nǐmen chī，hǎochī jiù duō chī diǎnr。Chángchang zhè ge，zěnmeyàng？

Wáng Yún：________________。（jí le）Yòng shénme zuò de？

Lǐ Lì：________________。（shì …… de）

Wáng Yún：Nà ge shì shénme?

Lǐ Lì：Nà ge bú shì wǒmen zuò de，________________。（……，shùnbiàn ……）

Wáng Yún：Wǒ bú tài huì zuò fàn，zhǐ huì yìxiē jiǎndān de，________________。（xiàng …… shénme de）

Lǐ Lì：Jiǎndān diǎn hǎo，xiànzài wàimiàn de wàimài bù yídìng wèishēng，________________。（zuìhǎo）

九、说写练习：用所给的语言点说、写每幅画的内容

1. 2. 3. 4.

（趟、全家、是……的、……极了、好好儿、顿、顺便、最好）

十、同伴练习

A.

	去哪儿了？	是怎么去的？	住哪儿了？	做了哪些准备？	有什么建议？
马克	苏州玩儿	开车	住房车里	租了一辆房车	最好去平江路（Píngjiāng Lù）吃小吃
王云					
李天	日本旅游	坐邮轮	住在船上	公司安排的	最好多看看各种表演
丽莎					

（B 同学看本课末十、B）

十一、词语搭配

那么（　　）　　最好（　　）

订（　　）　　评价（　　）

让（　　）（　　）　　风景（　　）

（　　）办法　　顺便（　　）

（　　）极了　　好好儿地（　　）

十二、组句

1. 学费　网上　是　我　的　在　付　的

2. 秋天　漂亮　北京　极了　的

3. 我们　最好　家里　待在

4. 出差　我　顺便　去　看了　朋友　苏州　一个

5. 暖和　天气　趟　了　咱们　去　等　北京　吧

6. 远　你　住　怎么　那么　得　啊

7. 周末　我　休息　要　一下　好好儿

8. 苹果　香蕉　什么的　我　爱　都　吃　像

十、B.

	去哪儿了？	是怎么去的？	住哪儿了？	做了哪些准备？	有什么建议？
马克					
王云	北京旅行	坐高铁	住北京饭店	在网上买的火车票，让旅行社订的酒店	秋天的北京最美，最好那个时间去
李天					
丽莎	韩国看病	坐飞机	住朋友家	让旅行社安排医院	最好早点儿订飞机票

第十七课　我想租房子

本课目标

1. 能介绍如何租房 □
2. 能介绍房间情况 □
3. 能说明房子的周围环境 □

主要语言点

1. 数词＋左右 □
2. 看起来…… □
3. 就(表示强调) □
4. 对……很/不满意 □

一、热身练习

说说以上不同的房子各有什么优点，你在什么时候会住这些房子？

二、对话

马克：你好！我想在附近租套房子。

中介：您想租什么样的房子？

马克：我想租一个三室两厅的大房子。

中介：租金呢？

马克：一万五左右。

中介：那我先给您看看照片吧。

马克：好啊。

中介：这套房子户型好，每个月一万四。

马克：看起来不错，面积多大？

中介：一百五十多平方米，不过房东要求押一付六。

马克：我考虑一下吧。

Mǎkè：Nǐ hǎo！Wǒ xiǎng zài fùjìn zū tào fángzi。

Zhōngjiè：Nín xiǎng zū shénmeyàng de fángzi？

Mǎkè：Wǒ xiǎng zū yí gè sān shì liǎng tīng de dà fángzi。

Zhōngjiè：Zūjīn ne？

Mǎkè：Yí wàn wǔ zuǒyòu。

Zhōngjiè：Nà wǒ xiān gěi nín kànkan zhàopiàn ba。

Mǎkè：Hǎo a。

Zhōngjiè：Zhè tào fángzi hùxíng hǎo，měi ge yuè yí wàn sì。

Mǎkè：Kànqǐlái búcuò，miànjī duō dà？

Zhōngjiè：Yì bǎi wǔshí duō píngfāngmǐ，búguò fángdōng yāoqiú yā yī fù liù。

Mǎkè：Wǒ kǎolǜ yí xià ba。

听对话，选择正确答案。

（1）马克想租什么样的房子？

A. 两室两厅　　B. 三室一厅　　C. 三室两厅　　D. 一百平

（2）中介介绍的房子多大？

A. 一百五十平　　B. 一百四十平

C. 一百五十多平　　D. 不到一百五十平

三、课文

最近我租了一套大房子，一共有三个卧室、两个卫生间、一个客厅和一个厨房。每个卧室都很大，有两间朝南，冬天很暖和。小区的环境和位置也很好，就在孩子的学校附近。生活和交通都很方便，旁边就有超市、电影院，还有一个小公园。平时我们会去看电影、健身、遛狗，我们全家都对新房子很满意。

Zuìjìn wǒ zūle yí tào dà fángzi, yígòng yǒu sān gè wòshì、liǎng gè wèishēngjiān、yí gè kètīng hé yí gè chúfáng。Měi gè wòshì dōu hěn dà, yǒu liǎng jiān cháo nán, dōngtiān hěn nuǎnhuo。Xiǎoqū de huánjìng hé wèizhì yě hěn hǎo, jiù zài háizi de xuéxiào fùjìn。Shēnghuó hé jiāotōng dōu hěn fāngbiàn, pángbiān jiù yǒu chāoshì、diànyǐngyuàn, hái yǒu yí gè xiǎo gōngyuán。Píngshí wǒmen huì qù kàn diànyǐng、jiànshēn、liù gǒu, wǒmen quán jiā dōu duì xīn fángzi hěn mǎnyì。

读课文,回答问题。

(1) 这套房子有哪几个房间?

(2) 生活在这个小区,哪些地方很方便?

四、词汇

1. 租	zū	(to) rent 租房,租金
2. 套	tào	(a measure word for clothing or furniture) suit, series
3. 房子	fángzi	house
4. 样	yàng	type, kind

5. 室	shì	room
6. 厅	tīng	hall,office 大厅、客厅
7. 租金	zūjīn	rental
8. 万	wàn	ten thousand
9. 左右	zuǒyòu	about,around
10. 照片	zhàopiàn	photo,picture
11. 户型	hùxíng	apartment layout
12. 看起来	kànqǐlái	to seem
13. 面积	miànjī	area, proportion
14. 平方米	píngfāngmǐ	square meter
15. 房东	fángdōng	landlord, the owner of the house one lives in
16. 要求	yāoqiú	to require, to demand, to ask; requirement
17. 押	yā	to mortgage, to hold in pledge
18. 考虑	kǎolǜ	to consider, to think over
19. 卧室	wòshì	bedroom
20. 卫生间	wèishēngjiān	bathroom
21. 客厅	kètīng	living room
22. 厨房	chúfáng	kitchen
23. 间	jiān	(a measure word for room) 一间房
24. 朝	cháo	towards, to 朝向,朝北

25. 南	nán	south
26. 暖和	nuǎnhuo	warm
27. 小区	xiǎoqū	residential area, community
28. 环境	huánjìng	environment, circumstance
29. 位置	wèizhì	location, position
30. 孩子	háizi	child
31. 交通	jiāotōng	traffic, transportation
32. 旁边	pángbiān	side, near by position 在学校旁边
33. 超市	chāoshì	supermarket
34. 电影院	diànyǐngyuàn	cinema, movie theater
35. 公园	gōngyuán	park, public garden
36. 平时	píngshí	in normal times, at ordinary times
37. 健身	jiànshēn	to keep fit, body-building
38. 遛狗	liù gǒu	to walk the dog
39. 新	xīn	new
40. 满意	mǎnyì	satisfaction; satisfied; to satisfy

五、语法解释

1. 数词+左右

指比某一数量稍多或稍少的概数。

"Zuǒyòu" can be used after the numerals, meaning slightly more or less than a certain quantity.

这个包三百块左右。This bag costs about three hundred Kuai.

2. 看起来……

表示推测、估计的意思。

"Kànqǐlái" means it seems or looks like ……

她看起来二十岁。She looks like twenty years old.

3. 就(表示强调)

课文中的"就"表示距离很近。

"Jiù" in the text is very similar with "just" in English, which indicates something is quite close, not far from here.

杯子就在桌子上。The cup is just on the table.

厕所就在那边。Toilet is just over there.

4. 对……很/不满意

The structure of "duì …… hěn/bù mǎnyì" means to be (not) satisfied with ……

我对这次的成绩很满意。I am very satisfied with this result.

他对工作不满意。He is not satisfied with his job.

六、语法练习

1. 上海到北京坐高铁五个小时________就到了。

A. 少　　B. 快　　C. 左右　　D. 能

2. 你今天________不舒服，怎么了？

A. 就　　B. 看起来　　C. 看　　D. 觉得

3. 我们家小区旁边________有一个公园。

A. 才　　B. 不　　C. 能　　D. 就

4. 王云：你觉得在上海生活怎么样？

马克：我________上海的生活________。

A. 对……感兴趣　　B. 因为……所以

C. 对……很满意　　D. 如果……就

5. __A__ 小区 __B__ 就有 __C__ 电影院 __D__ 。（旁边）

6. 我正________在公司附近租一套房子。

A. 想一下　　B. 考虑

C. 觉得　　D. 选

7. 这两间卧室都________南。

A. 往　　B. 对　　C. 朝　　D. 从

8. 我________都在学校附近的饭店吃饭。

A. 有时候　　B. 平时　　C. 常常　　D. 总

七、听说练习：听后选择图片，并说一说

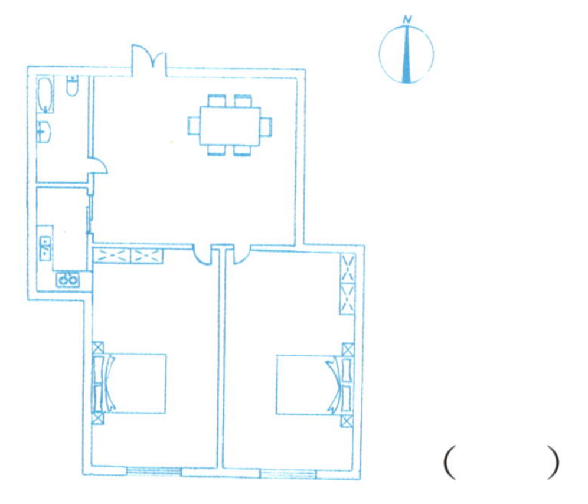

（　　）

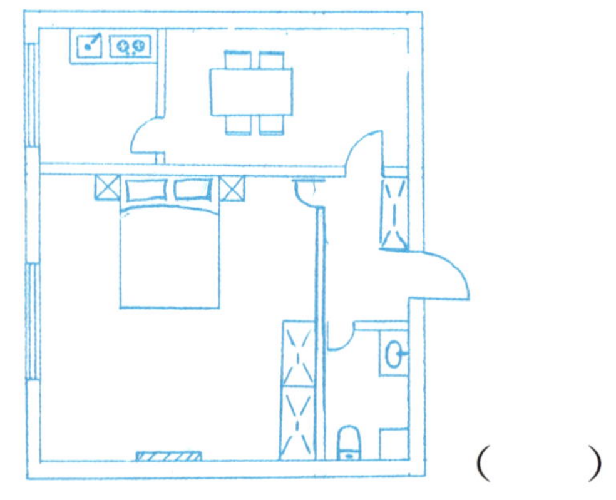

（　　）

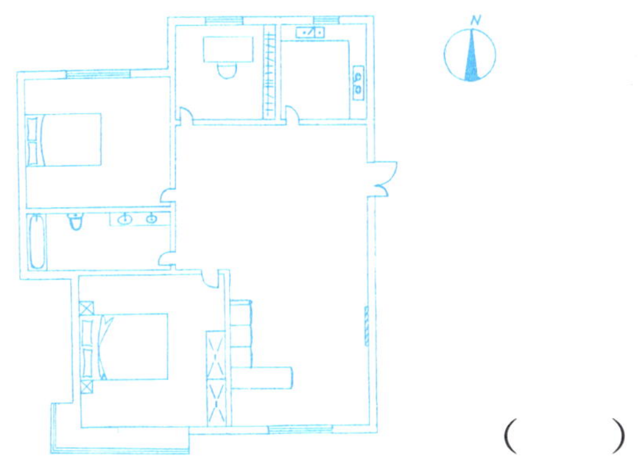

（　　）

八、对话练习

李丽：你最近在忙什么？

王云：我想租一套新的房子，________________。（对……不满意）

李丽：你想租什么样的房子？

王云：两室，________（左右），小区环境好一点儿的。

李丽：对交通有什么要求吗？

王云：________________。（要是……就……）

李丽：我朋友最近正好在出租房子，我给你看看照片吧。

王云：________________。（看起来）

李丽：这套房子________________（旁边），平时买东西、健身都很方便。

王云：太好了，有空的话我去看看。

Lǐ Lì：Nǐ zuìjìn zài máng shénme?

Wáng Yún：Wǒ xiǎng zū yí tào xīn de fángzi，________________。（duì ...... bù mǎnyì）

Lǐ Lì：Nǐ xiǎng zū shénme yàng de fángzi?

Wáng Yún：Liǎng shì，________（zuǒyòu），xiǎoqū huánjìng hǎo yìdiǎnr de。

Lǐ Lì：Duì jiāotōng yǒu shénme yāoqiú ma?

Wáng Yún：____________________。（yàoshì ...... jiù ......）

Lǐ Lì：Wǒ péngyou zuìjìn zhènghǎo zài chūzū fángzi，wǒ gěi nǐ kànkan zhàopiàn ba。

Wáng Yún：____________________。（kànqǐlái）

Lǐ Lì：Zhè tào fángzi ____________________（pángbiān），píngshí mǎi dōngxi、jiànshēn dōu hěn fāngbiàn。

Wáng Yún：Tài hǎo le，yǒukòng de huà wǒ qù kànkan。

九、说写练习：用所给的语言点说、写每幅画的内容

1.

2.

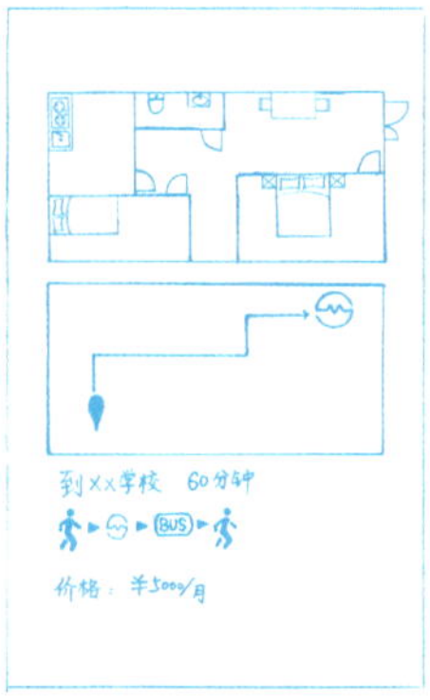

3.

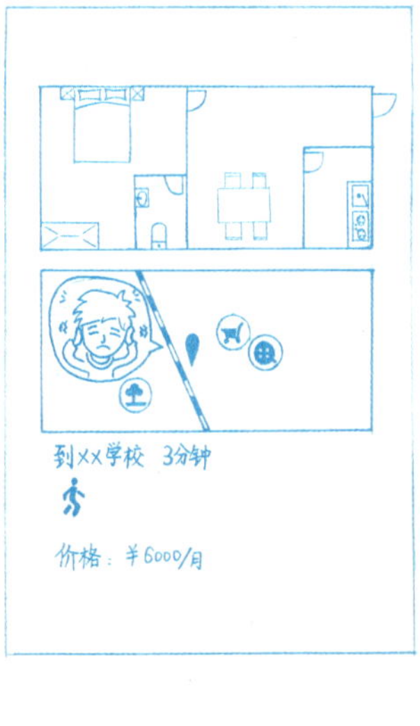

4.

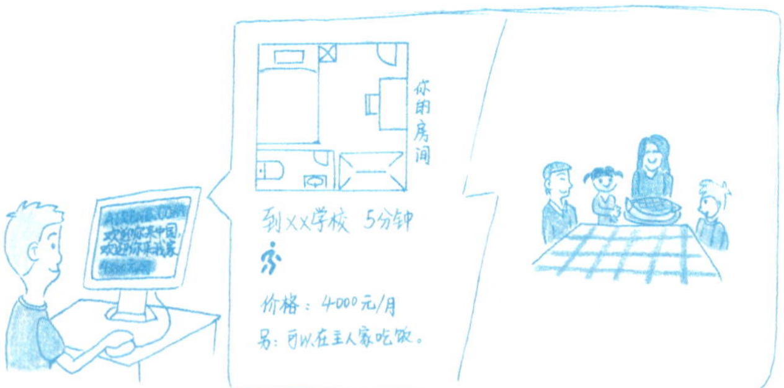

［但是、租、交通、左右、在……旁边、附近、对……（不）满意］

十、同伴练习

A.

什么时候住的房子?	面积多大?	户型怎么样?	旁边有什么?	优点和缺点?
两年以前住的	六十多平方米	一室一厅	学校	交通方便,但是房子有点儿小
现在住的	九十多平方米	两室一厅	公园、医院	房子户型很好,但是租金有点儿贵

(B同学看本课末十、B)

十一、词语搭配

租(　　)　　看起来(　　)

朝(　　)　　交通(　　)

一套(　　)　　(　　)左右

环境(　　)　　(　　)要求

押(　　)　　对(　　)很满意

十二、组句

1. 不错　　这套　　看起来　　房子　　很

____

2. 满意　　现在　　我　　生活　　的　　对　　很

____

3. 饭店　　有　　学校　　一家　　旁边　　就

____

4. 公司　　从　　家　　到　　我　　二十　　左右　　分钟　　走路

____

5. 我　　租　　想　　房子　　附近　　在　　公司

____

6. 环境　　很好　　小区　　和　　位置　　的　　都

____

十、B.

什么时候住的房子	面积多大？	户型怎么样？	旁边有什么？	优点和缺点？
两年以前住的	一百平方米左右	两室一厅	超市、公园	生活很方便，但是小区有点儿吵
现在住的	一百四十平方米左右	三室两厅	超市、健身房	小区很安静，交通不太方便

第十八课　我被关在电梯里了

本课目标

1. 能在遇到困难时寻求帮助 ☐
2. 能说明遇险情况 ☐
3. 能介绍常用电器设备 ☐
4. 能说明如何安全用电 ☐

主要语言点

1. 被字句 ☐
2. 着 ☐
3. 复合趋向补语 ☐
4. 动词＋不了/得了 ☐

一、热身练习：说一说遇到图中的情况应该怎么做

二、对话

王云：喂，喂，我被关在电梯里了，快来救我。

物业：不要着急，师傅马上过去。电梯里的灯亮着吗？

王云：亮着。

物业：电梯是在哪层停的？

王云：我坐到10楼就停住了。

物业：你是从哪层坐下来的？

王云：我是从20楼坐下来的。

物业：电梯是怎么停的？

王云：到了10楼，它就突然不动了。门也开不了了。

（电梯外有人说话。）

物业：外面有人来了吗？

王云：是的，师傅已经在外面了。

物业：放心，师傅会把你救出去的。

Wáng Yún：Wèi，wèi，Wǒ bèi guān zài diàntī lǐ le，kuài lái jiù wǒ。

Wùyè：Bú yào zháojí，shīfu mǎshàng guòqù。Diàntī lǐ de dēng liàngzhe ma?

Wáng Yún：Liàngzhe。

Wùyè：Diàntī shì zài nǎ céng tíng de?

Wáng Yún：Wǒ zuò dào shí lóu jiù tíng zhù le。

Wùyè：Nǐ shì cóng nǎ céng zuò xiàlái de?

Wáng Yún：Wǒ shì cóng èrshí lóu zuò xiàlái de。

Wùyè：Diàntī shì zěnme tíng de?

Wáng Yún：Dào le shí lóu，tā jiù tūrán bú dòng le。Mén yě kāi bùliǎo le。

(Diàntī wài yǒu rén shuōhuà。)

Wùyè：Wàimiàn yǒu rén lái le ma?

Wáng Yún：Shì de，shīfu yǐjīng zài wàimiàn le。

Wùyè：Fàngxīn，shīfu huì bǎ nǐ jiù chūqù de。

听对话，选择正确答案。

（1）王云怎么了？

A. 身体不好　　B. 家里的灯坏了

C. 家里的门坏了　　D. 关在电梯里了

（2）王云给谁打电话？

A. 老公　　B. 物业公司

C. 师傅　　D. 爸爸

三、课文

我们家停电了，我打电话给物业公司。物业公司的师傅马上过来了。他问我刚才是不是开了很多电器。我告诉他我们开了空调、电视、烤箱，还有洗衣机和烘干机。他说可能是因为电器用得太多了，把保险丝烧断了。他很快就把保险丝换好了。他建议我们不要一次开那么多电器，不然很容易烧断保险丝。

Wǒmen jiā tíng diàn le，wǒ dǎ diànhuà gěi wùyè gōngsī。Wùyè gōngsī de shīfu mǎshàng guòlái le。Tā wèn wǒ gāngcái shì bu shì kāile hěn duō diànqì。Wǒ gàosu tā wǒmen kāile kōngtiáo、diànshì、kǎoxiāng，hái yǒu xǐyījī hé hōnggānjī。Tā shuō kěnéng shì yīnwèi diànqì yòng de tài duō le，bǎ bǎoxiǎnsī shāo duàn le。Tā hěn kuài jiù bǎ bǎoxiǎnsī huàn hǎo le。Tā jiànyì wǒmen bú yào yí cì kāi nàme duō diànqì，bùrán hěn róngyì shāo duàn bǎoxiǎnsī。

读课文，回答问题。

（1）家里为什么停电了？

（2）师傅建议什么？

四、词汇

1. 被	bèi	by（indicates passive-voice sentences or clauses）
2. 电梯	diàntī	lift，elevator
3. 喂	wèi	hello（used in greeting on phone or attracting attention）
4. 快	kuài	fast
5. 救	jiù	to save，to assist，to rescue

6. 物业	wùyè	(abbreviation for wùyè gōngsī), property management company
7. 不要	bú yào	don't
8. 着急	zháojí	to worry / to feel anxious 别着急，着什么急
9. 师傅	shīfu	qualified worker or informal address to senior strangers
10. 马上	mǎshàng	immediately, straight away
11. 过去	guòqù	to go over
12. 灯	dēng	lamp
13. 亮	liàng	bright
14. 着	zhe	(structure word indicates an action in progress)
15. 层	céng	story, floor
16. 停	tíng	to stop
17. 楼	lóu	floor; building 楼上、楼下、上楼、五楼；大楼
18. 住	zhù	used as a complement after a verb, indicating a stop or halt
19. 下来	xiàlái	to come down
20. 突然	tūrán	suddenly, abruptly
21. 动	dòng	to move
22. 开	kāi	to open

23. 不了	bùliǎo	unable (to do)
		去不了，吃不了
24. 外面	wàimiàn	outside
25. 放心	fàngxīn	to relax, to feel relieved, to rest assured
26. 公司	gōngsī	company
27. 过来	guòlái	to come over
28. 刚才	gāngcái	just now, a moment ago
29. 电器	diànqì	electrical appliance
30. 空调	kōngtiáo	air conditioning
31. 电视	diànshì	TV
32. 烤箱	kǎoxiāng	oven (for baking)
33. 洗衣机	xǐyījī	washing machine
34. 烘干机	hōnggānjī	clothes dryer
35. 可能	kěnéng	maybe
36. 保险丝	bǎoxiǎnsī	fuse
37. 烧	shāo	to burn
38. 断	duàn	broken; to cut off
39. 建议	jiànyì	to suggest; suggestion
40. 不然	bùrán	otherwise
41. 容易	róngyì	easy

五、语法

1. 被字句

被字句用来表示被动的意义。动词后面要有助词或补语。以前被字句常常与表示负面意思的动词一起用，但现在被动句也可以表示好的事情。

"Bèi" sentence is used as passive voice in Chinese. The verb should be followed by particles or complements. Traditionally "bèi" collocates with verbs of negative meanings, conveying the sense of suffering from something negative, but nowadays it also conveys positive meanings as well in some cases.

她的自行车被偷了。Her bicycle was stolen.

钥匙可能被我丢在酒店了。Keys might be lost by me in the hotel.

他被选为总统了。He was elected as President.

2. 着

(1) 用在形容词后面表示一种状态的持续。It's used after some adjectives to denote state.

房间里的灯一直亮着。The light in the room is on all the time.

(2) "着"常放在动词后面，表示动作的持续。"Zhe" is often placed after the verb to refer to an action that lasts for a certain period of time.

门外站着一个人。A man is standing outside the door.

老师拿着一本书。The teacher is holding a book.

3. 复合趋向补语

由动词“来”和“去”和一些表示方向的词搭配组成,它们放在动词后面表示动作的具体方向。

The complex complement of direction: the verb “lái” or “qù” can collocate with some directional verbs (refers to the following chart) to form the complex complement of direction to indicate where the action is directed.

	进 jìn	出 chū	上 shàng	下 xià	回 huí	过 guò	起 qǐ
lái 来	进来 come in	出来 come out	上来 come up	下来 come down	回来 come back	过来 come over	起来 get up
qù 去	进去 go in	出去 go out	上去 go up	下去 go down	回去 go back	过去 go over	

她跑下来了。She ran down.

他拿出来了一本书。He took out a book.

如果动词后有人或东西的宾语,宾语可以在趋向补语后面,也可以将复合趋向补语分开,放在中间。

If the verb takes the object of a person or a thing, the object can either be placed after the complement or inserted into the complement.

他带回来一件礼物。/他带回一件礼物来。He brought back a gift.

如果宾语是一个地点名词,那么这个名词要放在分开的补语中间。

If the object is a locational noun, the complement needs to be split.

他走进房间去了。He went into the room.

你终于爬上长城来了。You finally climbed up the Great Wall.

4. 动词+不了/得了

这一结构是可能补语的一种形式，表示有能力完成这个动作。这里的"了"读作 liǎo，表示完成的意思。

It's a form of the complement of potential, meaning be able to complete the action. Here "le" is pronounced as "liǎo", meaning complete.

今天太忙了，去不了超市了。Today I am too busy, so I cannot go to the supermarket.

我吃得了这么多菜。I am able to eat all of these dishes.

六、语法练习

1. 妈妈：你的手机呢？

   儿子：________我卖了。

   A. 把　　B. 被　　C. 得　　D. 请

2. 家里的空调开________。

   A. 着　　B. 的　　C. 在　　D. 会

3. 快点儿上楼________看看。

   A. 去　　B. 进　　C. 出　　D. 起

4. 我的车坏了，开________了。

   A. 得了　　B. 动

   C. 起来　　D. 不了

5. 小王：我在楼下等了你十多分钟了。

马克：对不起。电梯坏了，我是从十楼走________的。

A. 回来　　　　B. 下来

C. 上去　　　　D. 起来

6. 师傅：烘干机放在哪儿？

李丽：________。

A. 请把它放在洗衣机旁边　　　　B. 请放它在洗衣机旁边

C. 请把它放在旁边洗衣机　　　　D. 请放它在旁边洗衣机

七、听说练习：先介绍一下这幅图画里的房间，然后根据听力内容写出密码，最后复述

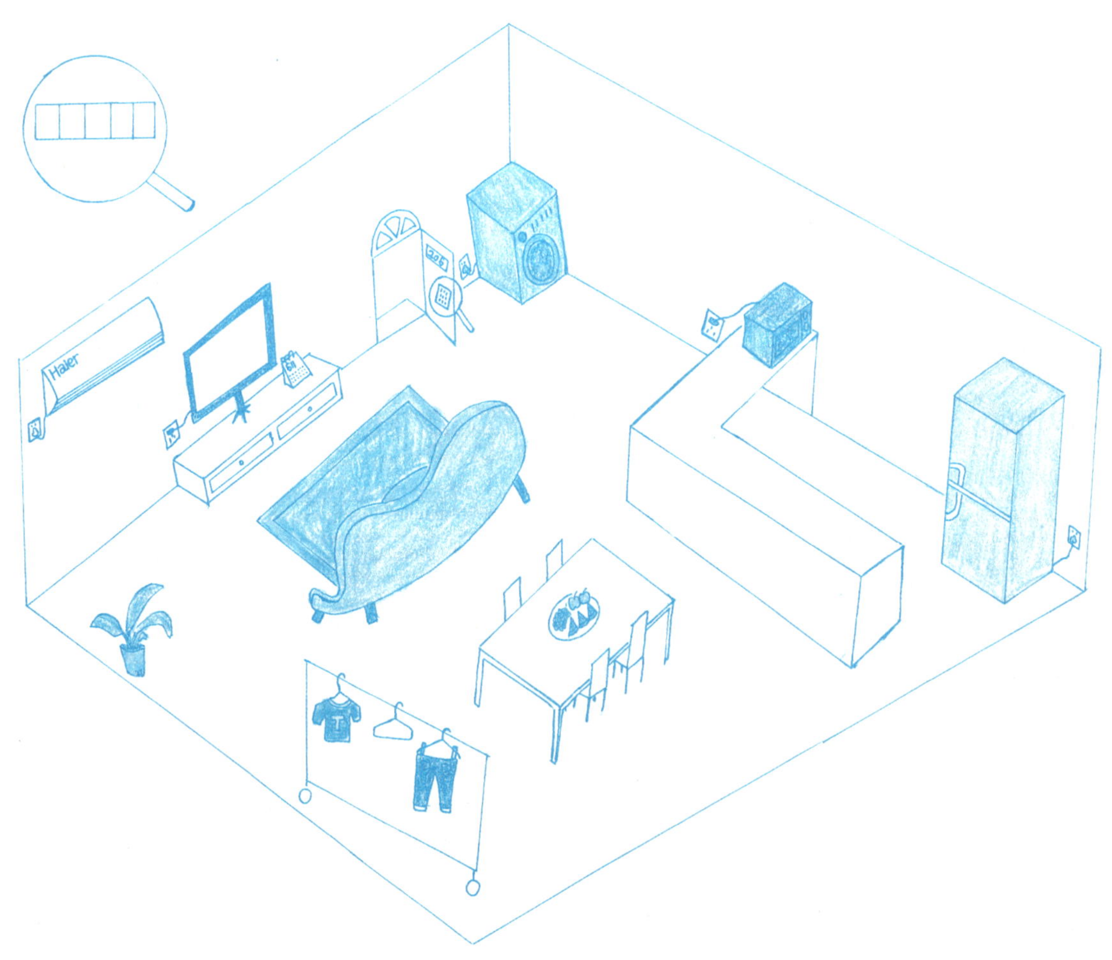

八、对话练习

李丽：你好，是物业公司吗？

物业：是的，____________________？

李丽：师傅，我们家的马桶漏水了。

物业：是怎么坏的？

李丽：____________________。（被）

物业：好，我过去看一下。

（师傅进房间检查。）

物业：下面的管子坏了。

李丽：这个管子用了很多年了，还能修吗？

物业：________（……不了），还是换新的吧。你________（着），我先去买个管子，然后给你换。

李丽：谢谢您。

物业：不客气。

Lǐ Lì： Nǐ hǎo，shì wùyè gōngsī ma？

Wùyè：Shì de，____________________？

Lǐ Lì： Shīfu，wǒmen jiā de mǎtǒng lòu shuǐ le。

Wùyè：Shì zěnme huài de？

Lǐ Lì： ____________________。（bèi）

Wùyè：Hǎo，wǒ guòqù kàn yí xià。

（Shīfu jìn fángjiān jiǎnchá。）

Wùyè：Xiàmiàn de guǎnzi huài le。

Lǐ Lì： Zhè ge guǎnzi yòngle hěn duō nián le，hái néng xiū ma?

Wùyè： ________ (...... bùliǎo)，háishì huàn xīn de ba。Nǐ ________ (zhe)，wǒ xiān qù mǎi ge guǎnzi，ránhòu gěi nǐ huàn。

Lǐ Lì： Xièxie nín。

Wùyè：Bú kèqi。

九、说写练习：用所给的语言点说、写每幅画的内容

(V.着……、被、……不了、把、建议、丢、偷、抓)

十、同伴练习

A.

什么东西坏了？	为什么？	怎么办？
电脑开不了了	可能坏了	拿到电脑店去修
dēngpào 灯　泡 不亮了	用了很长时间了	买个新灯泡换上

（B同学看本课末十、B）

十一、词语搭配

救（　　）　　（　　）上去

不要（　　）　　（　　）不了

马上（　　）　　（　　）的建议

突然（　　）　　（　　）电器

容易（　　）　　（　　）过来

十二、组句

1. 房间　被　我　关　了　里　在

____

2. 我　走　是……的　从　下来　十楼

______

3. 没　汽车　开　油　了　不了

______

4. 亮　一直　着　灯　外面　的

______

5. 烤箱　师傅　把　好　了　修

______

十、B.

什么东西坏了?	为什么?	怎么办?
洗衣机	把太多衣服放在里面洗了	打电话让师傅来修
门打不开了	门锁(suǒ, lock)没电了	让师傅来换电池(diànchí, battery)。

第十九课　孩子的表现怎么样

本课目标

1. 能介绍学生在学校的表现 □
2. 能简单介绍如何教育孩子 □
3. 能表达电子产品的好处和坏处 □

主要语言点

1. 在＋动词 □
2. 多＋动词 □
3. 快要……了 □
4. 一方面……另一方面…… □
5. 才＋时间/数量 □
6. 把……动词＋在…… □
7. 地 □

一、热身练习：说说下图中人物的生活

二、对话

王老师：你好，我是小文的班主任王老师。

小文的妈妈：王老师，我儿子在学校的表现怎么样？

王老师：今天上课的时候我发现他在玩 iPad。

小文的妈妈：是吗？最近我和他爸工作都很忙，没有时间管他。今天回去得好好批评他。

王老师：你们家长要多关心孩子。快要期末考试了，不抓紧可不行。

小文的妈妈：王老师您说得对。我们对孩子的关心确实不够，得多跟他聊聊。

王老师：还有，我不太建议孩子用 iPad。一方面像这样的电子产品对孩子的学习帮助不大；另一方面还容易上瘾。

小文的妈妈：我明白您的意思了。我回去以后好好跟他谈谈。谢谢老师。

Wáng lǎoshī：Nǐ hǎo，wǒ shì Xiǎowén de bānzhǔrèn Wáng lǎoshī。

Xiǎowén de māma：Wáng lǎoshī，wǒ érzi zài xuéxiào de biǎoxiàn zěnmeyàng？

Wáng lǎoshī：Jīntiān shàngkè de shíhou wǒ fāxiàn tā zài wán iPad。

Xiǎowén de māma：Shì ma？Zuìjìn wǒ hé tā bà gōngzuò dōu hěn máng，méi yǒu shíjiān guǎn tā。Jīntiān huíqù děi hǎohāo pīpíng tā。

Wáng lǎoshī：Nǐmen jiāzhǎng yào duō guānxīn háizi。Kuài yào qīmò kǎoshì le，bù zhuājǐn kě bù xíng。

Xiǎowén de māma：Wáng lǎoshī nín shuō de duì。Wǒmen duì háizi de guānxīn quèshí bú gòu，děi duō gēn tā liáoliao。

Wáng lǎoshī：Háiyǒu，wǒ bú tài jiànyì háizi yòng iPad。Yì fāngmiàn xiàng zhèyàng de diànzǐ chǎnpǐn duì háizi de xuéxí bāngzhù bú dà；lìng yi fāngmiàn hái róngyì shàngyǐn。

Xiǎowén de māma：Wǒ míngbai nín de yìsi le。Wǒ huíqù yǐhòu hǎohāo gēn tā tántan。Xièxie lǎoshī。

听对话，选择正确答案。

（1）小文什么时候在玩 iPad？

A. 休息的时候　　B. 上课的时候

C. 下课的时候　　D. 放假的时候

（2）王老师觉得玩 iPad 怎么样？

A. 不容易上瘾　　B. 对学习很有帮助

C. 对眼睛不好　　D. 影响学习

三、课文

现代社会孩子很早就开始使用电子产品，比如 iPad、手机什么的。他们比大人还清楚怎么使用这些电子产品。

我的孩子今年才小学一年级，他已经开始用微信跟同学联系了，可是他把很多时间浪费在微信上，影响了学习。我觉得老师和家长应该告诉孩子如何更好地使用这些电子产品。

Xiàndài shèhuì háizi hěn zǎo jiù kāishǐ shǐyòng diànzǐ chǎnpǐn，bǐrú iPad、shǒujī shénme de。Tāmen bǐ dàrén hái qīngchu zěnme shǐyòng zhèxiē diànzǐ chǎnpǐn。Wǒ de háizi jīnnián cái xiǎoxué yī niánjí，tā yǐjīng kāishǐ yòng Wēixìn gēn tóngxué liánxì le，kěshì tā bǎ hěn duō shíjiān làngfèi zài Wēixìn shàng，yǐngxiǎngle xuéxí。Wǒ juéde lǎoshī hé jiāzhǎng yīnggāi gàosu háizi rúhé gèng hǎo de shǐyòng zhèxiē diànzǐ chǎnpǐn。

读课文，回答问题。

(1) “我”的孩子怎么了？

(2) 老师和家长应该怎么做？

四、词汇

1. 表现	biǎoxiàn	performance
2. 班主任	bānzhǔrèn	teacher in charge of a class

3. 发现	fāxiàn	to discover, to find
4. 在	zài	(used to indicate action in progress)
5. 忙	máng	busy
6. 管	guǎn	to take care (of), to manage, to look after
7. 批评	pīpíng	to criticize
8. 家长	jiāzhǎng	parents, guardian of a child
9. 关心	guānxīn	to be concerned about; to care for
10. 快要	kuàiyào	to be about to
11. 期末	qīmò	end of the semester
12. 考试	kǎoshì	exam
13. 抓紧	zhuājǐn	to pay close or special attention to; to make the most of
14. 可	kě	(used to emphasize the importance of the statement)
15. 行	xíng	all right, O.K.
16. 确实	quèshí	really, indeed
17. 够	gòu	enough
18. 一方面	yì fāngmiàn	on one hand
19. 电子	diànzǐ	electronic
20. 产品	chǎnpǐn	product
21. 帮助	bāngzhù	to help

22. 另一方面	lìng yi fāngmiàn	on the other hand
23. 上瘾	shàngyǐn	to become addicted
24. 明白	míngbai	to understand
25. 以后	yǐhòu	after, later
26. 谈	tán	to talk, to chat, to discuss
27. 现代	xiàndài	modern, contemporary
28. 社会	shèhuì	society
29. 使用	shǐyòng	to use
30. 比如	bǐrú	for example
31. 大人	dàrén	adult
32. 清楚	qīngchu	clear
33. 些	xiē	some
34. 才	cái	only
35. 小学	xiǎoxué	elementary school
36. 年级	niánjí	grade
37. 联系	liánxì	to contact
38. 浪费	làngfèi	to waste
39. 影响	yǐngxiǎng	to influence; effect
40. 应该	yīnggāi	should, ought to
41. 如何	rúhé	how

42. 地	de	(structural particle: used before a verb or adjective, linking it to preceding modifying adverbial adjunct)

五、语法解释

1. 在+动词

表示动作的进行。

"Zài+V." is the structure referring to the progressive aspect of the action.

我在吃饭。I am having the meal.

我在打电话的时候,他出去了。He went out when I was making a telephone call.

2. 多+动词

建议多做某事。

The structure of "duō+V." suggests to do the action more.

多吃蔬菜,少抽烟。Eat more vegetable, smoke less.

多运动对身体有好处。Doing more exercises is beneficial to the body.

3. 快要……了

表示即将要发生的事。

This structure of "kuài yào …… le" refers to the action will happen soon in the future.

快要考试了，你得好好准备。The test is approaching, so you'd better make a good preparation.

“(就)要……了”结构也可以表示类似的意思，而且前面可以加时间名字，但“快要……了”前面不可以加。

“(Jiù) yào …… le” can be served as the same function, in addition, specific time can be put preceding the structure, while it cannot be put in front of “kuài yào …… le”

周末(就)要*到*了，你们有什么安排吗？Weekend is near, do you have any plan?

4. 一方面……另一方面……

on the one hand …… on the other hand ……

要学好汉语，我们一方面要认真听课，另一方面要多说汉语。To learn Chinese well, we should listen to the lecture seriously on the one hand, speak more Chinese on the other.

5. 才＋时间/数量

表示动作实现比预计的要早/好/快等，常常和“就”一起用。

“Cái＋time/quantity” expresses the realization of the action is earlier or better or faster than expected, and is often used with “jiù”.

我学钢琴才一个月。I learn to play the piano for only one month.

我的孩子才三岁就会游泳了。My kid can swim only at three years old.

6. 把……动词＋在……

在表示处置意义时，我们常使用“把”字句，强调动作对宾语的影响。“把”和“在”搭配是其中一种常用的句型，比如“把＋某东西＋放/藏/挂/贴/停/忘＋在某地方”。

When expressing the meaning of disposal, “bǎ” sentence is always used. It emphasizes what is done to the object. Here “zài” is used to indicate the location. Here are some words that often used with “zài” as a complement: “fàng” (put), “cáng” (hide), “guà” (hang), “tiē” (stick), “tíng” (park), “wàng” (forget).

我把手机放在桌子上了。I put my phone on the table.

我把车停在学校外面了。I parked my car outside of the school.

7. 地

这个结构助词多用在形容词后面作状语。

This structural particle of “de” is most used after the adjective to serve as an adverbial.

他高兴地回家了。He went back to home happily.

有些单音节的形容词可以直接放在动词前面，不用加“地”，例如这一课的“多”，还有“少”“早”“晚”等。

Some monosyllabic adjectives can directly be placed preceding the verb, without “de”, like “duō” (more) in this lesson and “shǎo” (less), “zǎo” (early), “wǎn” (late), etc.

我每天早出晚回。I go out early and come back late every day.

六、语法练习

1. 妈妈：小文你在做什么呢？

小文：我________做作业呢。

A. 会　　B. 着　　C. 去　　D. 在

2. 医生说我不爱运动所以才会生病，她建议我________运动，少吃不健康食品。

A. 不　　B. 多　　C. 一　　D. 少

3. ________考试了，我得好好准备准备。

A. 快要　　B. 已经　　C. 刚　　D. 才

4. 家长一方面要关心孩子的学习，________一方面要关心他们的身心健康。

A. 还　　B. 另　　C. 或者　　D. 就

5. 你的孩子真聪明，________四岁就认识这么多汉字。

A. 又　　B. 就　　C. 才　　D. 已经

6. 下面哪个句子是对的？

A. 我放书在桌子上了。　　B. 我把书放在桌子上了。

C. 我把书放上在桌子了。　　D. 我把书放在桌子了。

7. 家长应该更多________关心孩子的生活。

A. 的　　B. 了　　C. 得　　D. 地

8. 玩太长时间游戏会________学习。

A. 影响　　B. 联系　　C. 使用　　D. 帮助

七、听说练习:听后填表,并复述

 1. 听后填表。

	乐 文	王 平
乐文妈妈		
王平妈妈		
课外学习		

2. 请说说你的看法。

八、对话练习

妈妈:____________________?(表现)

儿子:我觉得还不错。

妈妈:但是老师告诉我____________________(在 V.)

儿子:____________________(快要……)

妈妈:你在上课的时候要少说话,________(多 V.)

儿子:有的时候,老师的课太无聊了,我只好____________________(地)

妈妈:老师有没有批评你?

儿子:____________________(才……)

妈妈:你觉得老师关心你吗?

儿子:____________________(把……V.在……)

妈妈:你觉得妈妈要跟老师谈谈吗?

儿子:____________________(清楚、浪费、影响)

Māma：____________________? (biǎoxiàn)

Érzi：　Wǒ juéde hái bú cuò。

Māma：Dànshì lǎoshī gàosu wǒ ____________________(zài V.)

Érzi：　____________________(kuài yào ......)

Māma：Nǐ zài shàngkè de shíhou yào shǎo shuōhuà，________(duō V.)

Érzi：　Yǒu de shíhou，lǎoshī de kè tài wúliáo le，wǒ zhǐhǎo ____________________(de)

Māma：Lǎoshī yǒu méi yǒu pīpíng nǐ?

Érzi：　____________________(cái ......)

Māma：Nǐ juéde lǎoshī guānxīn nǐ ma?

Érzi：　____________________(bǎ .... V. zài ......)

Māma：Nǐ juéde Māma yào gēn lǎoshī tántan ma?

Érzi：　____________________ (qīngchu、làngfèi、yǐngxiǎng)

九、说写练习

1. 用所给的语言点说、写每幅画的内容。

(1)

(2)

(3) (4)

(上瘾、把……V.在……、一方面……另一方面)

2. 如果您的孩子在中国留学,他/她每天把时间浪费在玩游戏上,请写一封电子邮件告诉他/她您的建议和理由。

十、同伴练习

A.

你的孩子表现怎么样?	是什么原因?	你打算怎么办?
上课的时候常常睡觉	做作业很慢,晚上做到十一点	每天回家让他抓紧做作业
不喜欢和别的同学玩	从小就喜欢一个人玩	告诉老师和同学他的个性(gèxìng),多鼓励(gǔ lì)他

(B同学看本课末十、B)

十一、词语搭配

发现（　　）	够（　　）
批评（　　）	管（　　）
关心（　　）	使用（　　）
抓紧（　　）	浪费（　　）
如何（　　）	影响（　　）
帮助（　　）	（　　）的表现

十二、组句

1. 老师　学生们　在　发现　电子产品　玩

____

2. 家长　的　应该　多　学习　孩子　关心

____

3. 他　快要　iPad　了　玩上瘾

____

4. 他　两岁　会　看书　就　了

____

5. 时间　把　不要　上　无聊　浪费　在　的　事

____

6. 妈妈　因为　孩子　不　抓紧　学习　批评　了　他

____

十、B.

你的孩子表现怎么样？	是什么原因？	你打算怎么办？
上课说话，下课玩 iPad	喜欢聊天，不喜欢安静地学习	批评他，不让他带 iPad 去学校
和女同学谈恋爱	长大了，有自己的想法	多关心他，教他怎么和女同学做朋友

第二十课　春节是我们最重要的节日

本课目标

1. 能简单介绍节日 □
2. 能介绍中国春节的习俗 □
3. 能简单描述送礼文化 □

主要语言点

1. 才 □
2. 把＋A＋叫作＋B □
3. 动词$_1$＋着＋动词$_2$ □
4. 除了……还…… □
5. ……跟……(不)一样 □
6. 重叠 □
7. 非常/特别 □
8. 一边……一边…… □
9. 听上去 □
10. 原来 □

一、热身练习：看图说说这些是什么节日，人们在这些节日的时候做什么

二、对话

王老师：快过圣诞节了，你们打算回国吗？

马克：我打算回国看爸爸妈妈。王老师，中国人也过圣诞节吗？

王老师：越来越多的年轻人喜欢过圣诞节。不过，春节才是我们最重要的节日。

山本：王老师，过春节的时候，中国人常常做什么？

王老师：春节前一天，我们把它叫作除夕，除夕晚上大家都跟家人一起吃年夜饭、看电视。第二天早上，孩子们穿着新衣服给老人拜年，老人会给他们红包。

李敏浩：春节还可以放鞭炮吧？

王老师：对，不过现在城市里都不让放鞭炮了。除了放鞭炮，春节还有很多活动，比如贴春联，包饺子，逛庙会什么的。

李敏浩：在韩国也过春节，但有的习惯跟中国不一样，我们吃年糕汤。我们不送红包，送“白包”。

山本：在日本，新年是最大的节日，从12月下旬开始，家家户户就把房间都打扫得干干净净，迎接新年的到来。

马克：真有意思，我真想去你们的国家，感受不一样的新年。

Wáng lǎoshī：Kuài guò Shèngdàn Jié le，nǐmen dǎsuàn huí guó ma？

Mǎkè：Wǒ dǎsuàn huí guó kàn bàba māma。Wáng lǎoshī，Zhōngguórén yě guò Shèngdàn Jié ma？

Wáng lǎoshī：Yuèláiyuè duō de niánqīngrén xǐhuan guò Shèngdàn Jié。Búguò,Chūnjié cái shì wǒmen zuì zhòngyào de jiérì。

Shānběn：Wáng lǎoshī, guò Chūnjié de shíhou, Zhōngguórén chángcháng zuò shénme?

Wáng lǎoshī：Chūnjié qián yì tiān,wǒmen bǎ tā jiàozuò Chúxī, Chúxī wǎnshang dàjiā dōu gēn jiārén yìqǐ chī niányèfàn、kàn diànshì。Dì-èr tiān zǎoshang,háizimen chuānzhe xīn yīfu gěi lǎorén bàinián,lǎorén huì gěi tāmen hóngbāo。

Lǐ Mǐnhào：Chūnjié hái kěyǐ fàng biānpào ba?

Wáng lǎoshī：Duì,búguò xiànzài chéngshì lǐ dōu bú ràng fàng biānpào le。Chúle fàng biānpào,Chūnjié hái yǒu hěn duō huódòng, bǐrú：tiē chūnlián, bāo jiǎozi, guàng miàohuì shénme de。

Lǐ Mǐnhào：Zài Hánguó yě guò Chūnjié, dàn yǒude xíguàn gēn Zhōngguó bù yíyàng,wǒmen chī niángāotāng。Wǒmen bú sòng hóngbāo,sòng “báibāo”。

Shānběn：Zài Rìběn,xīnnián shì zuì dà de jiérì,cóng shí'èr yuè xiàxún kāishǐ, jiājiāhùhù jiù bǎ fángjiān dōu dǎsǎo de gānganjìngjìng,yíngjiē xīnnián de dàolái。

Mǎkè：Zhēn yǒu yìsi,wǒ zhēn xiǎng qù nǐmen de guójiā,gǎnshòu bù yíyàng de xīnnián。

听对话，选择正确答案。

(1) 马克放假有什么打算？

A. 过圣诞节　　B. 看爸爸妈妈

C. 过春节　　D. 去韩国

(2) 过春节的时候，中国人不会做什么？

A. 拜年　　B. 吃年夜饭

C. 发红包　　D. 吃年糕汤

(3) 在日本最大的节日是什么？

A. 新年　　B. 春节

C. 圣诞节　　D. 除夕

三、课文

亲爱的爸爸妈妈：

你们好吗？

上个星期是中国的春节，我是在我的中国朋友李明家过的。他的家人都回上海来了，热闹极了。李明的奶奶和妈妈做了一桌子菜，他们告诉我中国的年夜饭要吃鱼，这样才能“年年有余”。李明的爷爷书法写得非常漂亮，他们家的春联都是爷爷亲手写的。除了春联，中国人还特别喜欢贴“福”字，还要倒着贴，因为“福倒了”听上去就是"福到家了"的意思。晚上，老人们围着桌子一边打麻将，一边看电视。李明和他弟弟一直拿着手机看，原来他们在抢红包呢。大年初一的早上，我们年轻人都给老人拜年，孩子们还能拿到压岁钱，人人都开心极了。明年我打算去日本过新年，你们也一起来吧。

马克

Qīn'ài de bàba māma：

Nǐmen hǎo ma?

Shàng ge xīngqī shì Zhōngguó de Chūnjié，wǒ shì zài wǒ de Zhōngguó péngyou Lǐ Míng jiā guò de。Tā de jiārén dōu huí Shànghǎi lái le，rè'nao jí le。Lǐ Míng de nǎinai hé māma zuòle yì zhuōzi cài，tāmen gàosu wǒ Zhōngguó de niányèfàn yào chī yú，zhèyàng cái néng "niánnián yǒu yú"。Lǐ Míng de yéye shūfǎ xiě de fēicháng piàoliang，tāmen jiā de chūnlián dōu shì yéye qīnshǒu xiě de。Chú le chūnlián，Zhōngguó rén hái tèbié xǐhuan tiē "fú" zì，hái yào dàozhe tiē，yīnwèi "fú dào le" tīng shàngqù jiù shì "fú dào jiā le" de yìsi。Wǎnshang，lǎorén men wéizhe zhuōzi yìbiān dǎ májiàng，yìbiān kàn diànshì。Lǐ Míng hé tā dìdi yìzhí názhe shǒujī kàn，yuánlái tāmen zài qiǎng hóngbāo ne。Dànián chū-yī de zǎoshang, wǒmen niánqīngrén dōu gěi lǎorén bàinián, háizi men hái néng ná dào yāsuìqián, rénrén dōu kāixīn jí le。Míngnián wǒ dǎsuàn qù Rìběn guò xīnnián, nǐmen yě yìqǐ lái ba。

Mǎkè

读课文，回答问题。

(1) 这是谁给谁的信？

(2) 马克是在哪儿过年的？

(3) 李明家春节有些什么活动？

(4) 明年马克打算做什么？

四、词汇

1. 春节	Chūnjié	the Spring Festival
2. 重要	zhòngyào	important
3. 节日	jiérì	festival, holiday
4. 过	guò	to spend (time) 过春节，过生日，过圣诞
5. 圣诞	Shèngdàn	Christmas
6. 看	kàn	to look, to see
7. 年轻	niánqīng	young, youthful

8. 才	cái	only
9. 前一天	qiányìtiān	the day before
10. 叫作	jiàozuò	to be called, to be known as
11. 除夕	Chúxī	Chinese New Year's Eve
12. 晚上	wǎnshang	evening, night
13. 大家	dàjiā	everybody
14. 年夜饭	niányèfàn	Chinese New Year's Eve dinner
15. 第	dì	prefix for ordinal numbers 第一次，第二天
16. 老人	lǎorén	senior, elderly man or woman
17. 拜年	bàinián	to say happy new year to others
18. 红包	hóngbāo	red money envelope
19. 放	fàng	to put; to let off, to let go 放鞭炮
20. 鞭炮	biānpào	firecrackers
21. 城市	chéngshì	city
22. 活动	huódòng	activity
23. 除了	chúle	besides; except (for)
24. 贴	tiē	to paste, to glue 贴春联，贴福字
25. 春联	chūnlián	couplet for Chinese New Years
26. 包	bāo	to wrap, to take package 包饺子，打包

27. 饺子	jiǎozi	dumpling
28. 逛	guàng	to stroll, to ramble, to roam 逛街，逛庙会
29. 庙会	miàohuì	temple fair
30. 韩国	Hánguó	Korea
31. 有的	yǒude	some
32. 一样	yíyàng	same; alike
33. 年糕汤	niángāotāng	the soup of New Year's Cake in Korea
34. 送	sòng	to give (as a present) 送礼物，送红包
35. 日本	Rìběn	Japan
36. 下旬	xiàxún	the last ten days of a month
37. 家家户户	jiājiāhùhù	each household
38. 打扫	dǎsǎo	to sweep, to clean
39. 干干净净	gāngānjìngjìng	clean, neat
40. 迎接	yíngjiē	to greet, to welcome
41. 到来	dàolái	to arrive
42. 感受	gǎnshòu	to feel; feeling
43. 热闹	rè'nao	lively, bustling with noise and excitement
44. 奶奶	nǎinai	grandmother (father's-side)
45. 桌子	zhuōzi	table
46. 这样	zhèyàng	so, such, like this

47. 年年有余	niánnián yǒu yú	Every year more than before
48. 爷爷	yéye	grandfather (father's side)
49. 书法	shūfǎ	calligraphy
50. 非常	fēicháng	extremely
51. 亲手	qīnshǒu	with one's own hands 亲手做的
52. 特别	tèbié	especially
53. 福	fú	good fortune
54. 倒	dào	to converse 倒过来，倒着走
55. 听上去	tīng shàngqù	to sound 他的声音听上去很年轻。
56. 围	wéi	to surround, to enclose 学生围着老师
57. 一边	yìbiān	simultaneously
58. 麻将	májiàng	Mahjong (a traditional and popular Chinese game)
59. 一直	yìzhí	continuously
60. 原来	yuánlái	as a matter of fact; original, former
61. 抢	qiǎng	to fight over, to grab, to rob
62. 大年初一	Dànián chū-yī	The first day of Chinese New Year
63. 压岁钱	yāsuìqián	money given to children as a Lunar New Year gift
64. 开心	kāixīn	happy

五、语法解释

1. 才

"才"在这一课中有两个用法。

"Cái" has two usages in this lesson.

(1) 表示强调，含有"别的不是"的意思。It's used to emphasize, indicating exclusiveness.

春节才是我们最重要的节日。Spring Festival is our most important holiday.(not any others)

她才是我们的汉语老师。She is our Chinese teacher.(not anybody else)

(2) 表示在某种条件下，或者因为某种原因、目的，然后有什么样的结果，常常用在后一个小句。It is in a certain condition or for some reason/purpose that it leads to a certain result. "Cái" is often used in the main clause.

中国的年夜饭要吃鱼，这样才能"年年有余"。A dish of fish is served in on the Chinese New Year's Eve's dinner, which indicates the idiom "getting more than you wish for every year".

你多跟中国人聊天儿，才能提高汉语口语水平。You need chat more with the Chinese people, in which circumstance that you will improve the level of your spoken Chinese.

2. 把＋A＋叫作＋B

表示B是A的另一个名称。

"Bǎ ＋ A＋jiàozuò ＋B" is the structure to express the meaning

of "call A as B". B is just the alternative name of A.

由于空气污染严重，我们把北京叫作雾都。Due to the serious air pollution, we call Beijing as Foggy capital.

南方人把西红柿叫作番茄。Southerners call "xīhóngshì" as "fānqié".

3. 动词$_1$＋着＋动词$_2$

表示两个动作同时进行。V_2 是主要的动作，"V_1 着"表示伴随或者状态。

The structure of "$V._1$ zhe＋$V._2$" indicates two actions take place or go on simultaneously. $V._2$ is the main action, while $V._1$ is the supplementary one which expresses accompaniment of the main action or a state.

他跟家人一起吃着饭看电视。While having the meal, he was watching TV with his family.

他穿着新大衣去参加晚会了。He went to an evening party with his new overcoat on.

4. 除了……还……

表示补充说明。

The structure of "chúle …… hái ……" means "in addition to …… , also ……",indicating supplementary.

除了放鞭炮，春节还有很多活动。In addition to firecrackers, there are many activities in the Spring Festival.

我在中国除了学习汉语，还认识了很多中国朋友。Besides learning Chinese, I have also known a lot of Chinese friends when I was in China.

5. ……跟……(不)一样

表示两个事物一样或者不一样。

The structure "…… gēn …… (bù) yíyàng" indicates similarity or difference.

韩国人的饮食习惯跟中国人的不一样。The dining habits of South Korea are not the same as the ones of Chinese people.

这条裤子的颜色跟那件一样。The color of this pair of trousers is the same as that one.

上海跟北京一样有名。Shanghai is as famous as Beijing.

6. 重叠

(1) 量词重叠

量词重叠形式主要有：① AA：个个、年年、天天；② 一 AA：一件件、一辆辆；③ AABB：家家户户。There are mainly three types of the reduplication of measure word, AA：gègè, niánnián, tiāntiān; yī AA：yí jiànjiàn, yí liàngliàng; AABB：jiājiāhùhù.

家家户户都回家过新年。Every family go home to celebrate the New Year.

(2) 形容词重叠

单音节形容词重叠是 AA，常用在描述性的语言中表示一种可爱的样子。双音节形容词重叠有 AABB，也有 ABAB。重叠式常常表示程度更深一些，所以不能再受程度副词的修饰。AA is reduplication of monosyllabic adjective, which is used in the descriptive language, expressing fondness. AABB or ABAB are used as the reduplication forms of disyllabic adjective, which indicates the emphasis or higher degree of something. It cannot be further modified by the adverb of degree.

胖(fat)——胖胖　高(high)——高高

干净(clean)——干干净净　漂亮(nice)——漂漂亮亮

熊猫胖胖的。The panda is chubby.

他把房间打扫得干干净净。He cleaned the room and made it thoroughly clean.

7. 非常/特别

"非常/特别"都是程度副词，用来修饰形容词。"非常"表示程度深；"特别"指对某人或某物来说程度很深。

"Fēicháng /tèbié" are the adverbs of the degree to modify the adjectives. "Fēicháng" means highly, and "tèbié" indicates the high degree to one person or thing than others.

中国人特别喜欢贴"福"字。Chinese people particularly like to paste "fú" word.

她的汉语说得非常好。Her Chinese is very good.

8. 一边……一边……

表示两个动作同时进行，或者在一段时间内同时做两件事情。

The structure "yìbiān ...... yìbiān ......" means two actions are going on simultaneously or someone is taking two actions at the same time.

老师一边读，我们一边写。While the teacher is reading, we are writing.

她一边学汉语，一边找工作。She learns Chinese and looks for the job at the same time.

9. 听上去

表示通过听，得出一个结论。

"Tīng shàngqù" is a collocation which means to reach a conclusion through listening.

听上去真有意思。It sounds really interesting.

10. 原来

表示发现了以前不知道的情况，或者突然明白了什么。

"Yuánlái" indicates a sudden realization or understanding of something unknown before.

我以为你是韩国人，原来你是中国人。I thought you were a Korean, but you were a Chinese in fact.

原来他们在休息呢。It turns out that they are taking a rest!

六、语法练习

1. 这________是我想要的礼物。

A. 再　　B. 才

C. 在　　D. 比

2. 爸爸坐________看电视。

A. 着　B. 得　C. 了　D. 过

3. 我们除了综合课，________有听说课。

A. 再　B. 都　C. 还　D. 就

4. 我们常常打扫，所以他的房间和我的________干净。

A. 不一样　B. 比较　C. 很一样　D. 一样

5. 这件事我昨天说得________的，你应该听到了。

A. 清楚　B. 清清楚楚

C. 清楚楚　D. 清楚清楚

6. 她介绍的这个地方怎么样？听________很不错。

A. 过来　B. 进去　C. 上去　D. 上来

7. 他穿________一件红色的衣服。

A. 的　B. 在　C. 得　D. 着

8. 你妈妈看________真年轻。

A. 上去　B. 过去　C. 下来　D. 上来

七、听说练习：听后判断对错，并复述

1. 马克下个月要去中国朋友家。（　）
2. 去中国朋友家，可以带吃的、喝的。（　）
3. 现在去中国朋友家常常送烟。（　）
4. 中国人不喜欢送“梨”，因为不喜欢吃。（　）
5. 中国人不能送钟表，因为跟“送终”同音。（　）

八、对话练习

山本：马克，在你的国家最重要的节日是什么？

马克：在英国最重要的节日是圣诞节。

山本：圣诞节的时候，你们做什么？

马克：____________________（有的……有的……）

山本：你们年夜饭吃什么？

马克：____________________（除了……还……）

山本：玛丽，你们国家圣诞节做什么？

玛丽：____________________（不一样）

山本：真有意思，明年我也要去你们那儿过圣诞节。

玛丽：____________________（特别……）

Shānběn：Mǎkè，zài nǐ de guójiā zuì zhòngyào de jiérì shì shénme?

Mǎkè：Zài Yīngguó zuì zhòngyào de jiérì shì Shèngdàn Jié。

Shānběn：Shèngdàn Jié de shíhou，nǐmen zuò shénme?

Mǎkè：____________________（yǒude ...... yǒude ......）

Shānběn：Nǐmen niányèfàn chī shénme?

Mǎkè：____________________（chúle ...... hái ......）

Shānběn：Mǎlì，nǐmen guójiā Shèngdàn Jié zuò shénme?

Mǐlì：____________________（bù yíyàng）

Shānběn：Zhēn yǒu yìsi，míngnián wǒ yě yào qù nǐmen nàr guò Shèngdàn Jié。

Mǎlì：____________________（tèbié......）

九、说写练习：用所给的语言点说、写每幅画的内容

1. 看图画，说说他们在过什么节，并根据图中学生给老师贺卡的内容，给你的同学或老师写一张贺卡。

（过、祝、送、V.着）

2. 看这四幅图，说说马克在上海的生活。给家人写一封信，介绍在上海的生活。

（特别、有点儿、V.着、……跟……（不）一样、一边……一边……）

十、同伴练习

A.

<table>
<tr><th></th><th>在什么时候?</th><th>做什么?</th><th>吃什么?</th></tr>
<tr><td>中秋节</td><td colspan="3">中国的中秋节是农历八月十五，中国人喜欢全家在一起过这个节日。
shǎng yuè
人们常常准备了月饼、水果、茶、啤酒，一边吃月饼一边 赏 月 。</td></tr>
<tr><td>清明节</td><td></td><td></td><td></td></tr>
<tr><td>端午节</td><td colspan="3">农历五月初五是中国的传统节日端午节。中国人常常在这一天吃
zòng zi　lóng zhōu
粽子，有的粽子是甜的，有的是咸的。端午节还有赛 龙 舟 、做
xiāng náng
香 囊 的传统活动。</td></tr>
<tr><td>元宵节</td><td></td><td></td><td></td></tr>
</table>

(B 同学看本课末十、B)

十一、词语搭配

过（　　）	特别（　　）
贴（　　）	亲手（　　）
逛（　　）	重要的（　　）
打扫（　　）	热闹的（　　）
迎接（　　）	（　　）得很开心

十二、组句

1. 越来越多　喜欢　年轻人　过　的　圣诞节

____

2. 春节　我们　重要　才　最　的　是　节日

____

3. 我们　新年　前一天　晚上　把　除夕　叫作

____

4. 孩子们　穿　老人　给　着　拜年　新衣服

____

5. 写　书法　非常　得　漂亮　爷爷　的

____

6. 家家户户　把　都　打扫　得　干干净净　房间

____

十、B.

<table>
<tr><th></th><th>在什么时候？</th><th>做什么？</th><th>吃什么？</th></tr>
<tr><td>中秋节</td><td></td><td></td><td></td></tr>
<tr><td>清明节</td><td colspan="3">每年四月四日或者五日是中国的清明节，人们在这个时候去扫墓(sǎo mù)，纪念(jì niàn)死去的人。因为正好是春天，所以这一节日也是看花、春游的好时候。南方人喜欢做和吃传统点心——青团(qīng tuán)。</td></tr>
<tr><td>端午节</td><td></td><td></td><td></td></tr>
<tr><td>元宵节</td><td colspan="3">元宵节是农历正月十五，也就是正月的第十五天。这一天，家家户户都要吃汤圆，因为有“团团圆圆”的意思。元宵节晚上还有看花灯、猜(cāi)灯谜(dēng mí)的活动。</td></tr>
</table>

附录一　词汇总表

爱　ài　to like, to love　L12
爱好　àihào　hobby, appetite　L12
澳大利亚　Àodàlìyà　Australia　L15

把　bǎ　(a structural word indicating a thing is disposed of)　L14
拜年　bàinián　to say happy new year to others　L20
班　bān　class; work　L11
班主任　bānzhǔrèn　teacher in charge of a class　L19
办　bàn　to do　L14
办法　bànfǎ　way, method　L16
帮助　bāngzhù　to help　L19
棒　bàng　very well, great, excellent　L12
包　bāo　to wrap, to take package　L20
保险丝　bǎoxiǎnsī　fuse　L18
报名　bàomíng　to sign up, to register　L11
北京　Běijīng　Beijing (the capital of China)　L16
北京烤鸭　Běijīng kǎoyā　Beijing Roast Duck　L16

被 bèi by (indicates passive-voice sentences or clauses) L18
比较 bǐjiào relatively L15
比如 bǐrú for example L19
边 biān side, edge L16
鞭炮 biānpào firecrackers L20
便宜 piányi cheap, inexpensive L14
表 biǎo table L14
表现 biǎoxiàn performance L19
不错 búcuò not bad L15
不过 búguò but, however L13
不好意思 bù hǎoyìsi embarrassed L12
不了 bùliǎo unable (to do) L18
不然 bùrán otherwise L18
不太 bú tài not too L12
不同 bùtóng different, not the same L11
不要 bú yào don't L18

才 cái only L19, L20
层 céng story, floor L18
差不多 chàbuduō almost L12
产品 chǎnpǐn product L19
常常 chángcháng often, usually L12
超市 chāoshì supermarket L17
朝 cháo towards, to L17
车票 chēpiào ticket (of train or bus) L16
城市 chéngshì city L20
出差 chūchāi to go business, to be on a business trip L16
出发 chūfā to start off, to depart L16
出去 chūqù to go out L15
除了 chúle besides; except (for) L20
除夕 Chúxī Chinese New Year's Eve L20

厨房 chúfáng kitchen L17
春 chūn spring L15
春节 Chūnjié the Spring Festival L20
春联 chūnlián couplet for Chinese New Years L20
春天 chūntiān spring L15
次 cì (measure word for frequency) L11

打 dǎ to play L12
打车 dǎ chē to take a taxi L13
打扫 dǎsǎo to sweep, to clean L20
打算 dǎsuàn plan, intend L12
打折 dǎzhé to sell at a discount, to give a discount L14
(大)风 (dà)fēng gale, high wind L15
(大)雨 (dà)yǔ (heavy) rain L15
大家 dàjiā everybody L20
大年初一 Dànián chū-yī The first day of Chinese New Year L20
大人 dàrén adult L19
大学 dàxué university L12
待 dāi to stay L15
但是 dànshì but L12
倒 dào to converse L20
到来 dàolái to arrive L20
得 de (a structural partical used between a verb and a complement) L12
灯 dēng lamp L18
地 de (structural particle: used before a verb or adjective, linking it to preceding modifying adverbial adjunct) L19
得 děi have to L14
地铁 dìtiě subway, metro L13
第 dì (prefix for ordinal numbers) L20
电话 diànhuà telephone L14
电器 diànqì electrical appliance L18

电视 diànshì TV L18

电梯 diàntī lift, elevator L18

电影院 diànyǐngyuàn cinema, movie theater L17

电子 diànzǐ electronic L19

订 dìng to book, to reserve L16

冬 dōng winter L15

冬天 dōngtiān winter L15

动 dòng to move L18

堵车 dǔchē traffic jam L13

的话 dehuà if L13

度 dù degree L15

端午节 Duānwǔ Jié Dragon Boat Festival L16

断 duàn broken; to cut off L18

对 duì correct L13;
to, for L12

对了 duì le by the way L12

顿 dùn (a quantifier of meal) L16

多 duō how, so L12;
much; many L13

多长 duō cháng how long (can refer to distance, length or time duration) L11

而且 érqiě moreover, besides L14

发现 fāxiàn to discover, to find L19

方便 fāngbiàn convenient L13

房东 fángdōng landlord, the owner of the house one lives in L17

房间 fángjiān room L15

房子 fángzi house L17

放 fàng to put; to let off, to let go L14, L20

放假 fàng jià to take a holiday L16

放心 fàngxīn to relax, to feel relieved, to rest assured L18
飞机 fēijī airplane L16
非常 fēicháng extremely L20
分钟 fēnzhōng minute L13
风景 fēngjǐng scenery, sightseeing L16
福 fú good fortune L20
付 fù to pay L11

干干净净 gāngānjìngjìng clean, neat L20
感受 gǎnshòu to feel; feeling L20
刚才 gāngcái just now, a moment ago L18
高铁 gāotiě the high-speed train L16
告诉 gàosu to tell L11
给 gěi to (sb.); to give L11
跟 gēn with, and L15
更 gèng more L12
公司 gōngsī company L18
公园 gōngyuán park, public garden L17
购物 gòuwù shopping L14
够 gòu enough L19
刮 guā to blow (wind) L15
关心 guānxīn to be concerned about; to care for L19
管 guǎn to take care (of), to manage, to look after L19
逛 guàng to stroll, to ramble, to roam L20
过 guò to spend (time) L20
过来 guòlái to come over L18
过去 guòqù to go over L18

孩子 háizi child L17
韩国 Hánguó Korea L20
汉字 Hànzì Chinese characters L14

好处 hǎochù benefits L12

好好儿 hǎohāor well，to one's heart's content L16

好好学习 hǎohǎo xuéxí （idiomatic expression） to study hard L11

好像 hǎoxiàng to seem like，as if L15

好用 hǎoyòng easy to use L13

烘干机 hōnggānjī clothes dryer L18

红包 hóngbāo red money envelope L20

后天 hòutiān the day after tomorrow L15

户型 hùxíng apartment layout L17

护照 hùzhào passport L14

还 hái in addition L11；
still L15

环境 huánjìng environment，circumstance L17

回 huí to return，to turn round，to go back L15

回来 huílái to come back，to return L16

会 huì can，to be able to L12；
will L15

活动 huódòng activity L20

极了 jí le extremely，exceedingly L16

几 jǐ a few，some L12

挤 jǐ to squeeze；crowded L13

季节 jìjié season L15

家长 jiāzhǎng parents，guardian of a child L19

家家户户 jiājiāhùhù each household L20

家人 jiārén family members L13

间 jiān （a measure word for room） L17

减肥 jiǎnféi to lose weight L12

建议 jiànyì to suggest；suggestion L18

健身 jiànshēn to keep fit，body-building L17

降 jiàng to decline L15

降温 jiàngwēn to drop in temperature, to cool down L15
交通 jiāotōng traffic, transportation L17
饺子 jiǎozi dumpling L20
叫 jiào to call L12
叫车 jiào chē to call for a taxi L13
叫作 jiàozuò to be called, to be known as L20
节 jié (measure word for class periods) L11;
festival L14
节日 jiérì festival, holiday L20
金鸡湖 Jīnjī Hú Golden Roster Lake L16
近 jìn near, close L13
酒店 jiǔdiàn hotel L16
救 jiù to save, to assist, to rescue L18
就 jiù as soon as L13
觉得 juéde to feel, to think L11

卡 kǎ card L14
开 kāi to open L18
开车 kāi chē to drive (a car) L13
开始 kāishǐ to start, to begin L11
开心 kāixīn happy L20
看 kàn to look, to see L20
看来 kànlái it appears, it seems L15
看起来 kànqǐlái to seem L17
考虑 kǎolǜ to consider, to think over L17
考试 kǎoshì exam L19
烤箱 kǎoxiāng oven (for baking) L18
可 kě (used to emphasize the importance of the statement) L19
可能 kěnéng maybe L18
可是 kěshì but L12
可以 kěyǐ may, have permission to L11

客厅 kètīng living room L17
空调 kōngtiáo air conditioning L18
空气 kōngqì air L15
快 kuài fast L18
快要 kuàiyào to be about to L19

来 lái to come L13
浪费 làngfèi to waste L19
老公 lǎogōng husband L16
老家 lǎojiā hometown，native place L15
老人 lǎorén senior，elderly man or woman L20
里 lǐ inside L14
联系 liánxì to contact L19
亮 liàng bright L18
另一方面 lìng yi fāngmiàn on the other hand L19
遛狗 liù gǒu to walk the dog L17
楼 lóu floor；building L18
旅行社 lǚxíngshè travel agency L16

麻将 májiàng Mahjong (a traditional and popular Chinese game) L20
马上 mǎshàng immediately，straight away L18
满意 mǎnyì satisfaction；satisfied；to satisfy L17
忙 máng busy L19
没事儿 méi shìr It's nothing. L12
每 měi every，each L11
密码 mìmǎ password L14
面积 miànjī area，proportion L17
庙会 miàohuì temple fair L20
明白 míngbai to understand L19

拿 ná to take L14

那 nà well (used at the beginning of the sentence to indicate a suggestion) L11

那里 nàli there L15

那么 nàme so L16

奶奶 nǎinai grandmother (father's-side) L20

南 nán south L17

呢 ne (a particle used at the end of the statement to emphasize the fact that may not be known by the listener) L12

能 néng be able to L12

嗯 èn hum L16

年 nián year L12

年糕汤 niángāotāng the soup of New Year's Cake in Korea L20

年级 niánjí grade L19

年年有余 niánnián yǒu yú Every year more than before L20

年轻 niánqīng young, youthful L20

年夜饭 niányèfàn Chinese New Year's Eve dinner L20

暖和 nuǎnhuo warm L17

爬山 pá shān to climb the mountain L15

怕 pà to be afraid of L15

旁边 pángbiān side, near by position L17

陪 péi to accompany L12

批评 pīpíng to criticize L19

漂亮 piàoliang beautiful, pretty L16

平方米 píngfāngmǐ square meter L17

平时 píngshí in normal times, at ordinary times L17

评价 píngjià to evaluate, to appraise, to estimate L16

期末 qīmò end of the semester L19

骑 qí to ride L13

签字 qiānzì to sign L14

前一天　qiányìtiān　the day before　L20
抢　qiǎng　to fight over, to grab, to rob　L20
亲手　qīnshǒu　with one's own hands　L20
清楚　qīngchu　clear　L19
晴天　qíngtiān　a sunny day, sunshine　L15
秋　qiū　autumn　L15
全　quán　whole, entire　L16
确实　quèshí　really, indeed　L19

然后　ránhòu　then　L11
让　ràng　let (sb. to do sth.)　L16
热　rè　hot　L15
热闹　rè'nao　lively, bustling with noise and excitement　L20
日本　Rìběn　Japan　L20
容易　róngyì　easy　L18
如果　rúguǒ　if　L15
如何　rúhé　how　L19
软件　ruǎnjiàn　software　L13

商场　shāngchǎng　shopping mall　L14
上　shàng　to do　L11;
(It is used as a resultative complement to indicate that separate things are joined together, or one thing is attached to another.)　L12;
last　L16
上课　shàngkè　to go to class　L11
上午　shàngwǔ　morning, a.m., forenoon　L16
上瘾　shàngyǐn　to become addicted　L19
烧　shāo　to burn　L18
社会　shèhuì　society　L19
生活　shēnghuó　to live; life　L11
圣诞　Shèngdàn　Christmas　L20

师傅 shīfu qualified worker or informal address to senior strangers L18

什么的 shénme de and so on L16

时候 shíhou (the duration of) time, when L12

时间 shíjiān time L11

使用 shǐyòng to use L19

适合 shìhé to be suitable for L15

室 shì room L17

书法 shūfǎ calligraphy L20

输 shū to enter L14

睡懒觉 shuì lǎnjiào to get up late, to take a long lazy sleep L15

顺便 shùnbiàn by the way, incidentally, in passing L16

送 sòng to give (as a present) L20

苏州 Sūzhōu Suzhou L16

虽然 suīrán although L15

所以 suǒyǐ therefore, as a result, so L11

谈 tán to talk, to chat, to discuss L19

趟 tàng (a quantifier used after a verb) L16

套 tào (a measure word for clothing or furniture)suit,series L17

特别 tèbié especially L20

天气 tiānqì weather L13

天气预报 tiānqì yùbào weather forecast L15

天天向上 tiāntiān xiàng shàng (idiomatic expression) to make progress everyday L11

填 tián to fill or stuff, (of a form etc) to fill in L14

贴 tiē to paste, to glue L20

厅 tīng hall,office L17

听上去 tīng shàngqù to sound L20

听说 tīngshuō to hear about, to hear of L15

停 tíng to stop L18

挺 tǐng quite, rather L15

突然 tūrán suddenly, abruptly L18
推荐 tuījiàn to recommend L13

外面 wàimiàn outside L18
玩 wán to play L13
晚上 wǎnshang evening, night L20
万 wàn ten thousand L17
网球 wǎngqiú tennis L12
网上 wǎngshàng on the Internet L11
网站 wǎngzhàn website L14
围 wéi to surround, to enclose L20
卫生间 wèishēngjiān bathroom L17
位置 wèizhì location, position L17
喂 wèi hello (used in greeting on phone or attracting attention) L18
卧室 wòshì bedroom L17
污染 wūrǎn pollution L15
物业 wùyè (abbreviation for wùyè gōngsī), property management company L18

习惯 xíguàn to get used to; habit L15
洗衣机 xǐyījī washing machine L18
喜欢 xǐhuan to like L12
下 xià next L12
下来 xiàlái to come down L18
下午 xiàwǔ afternoon L16
下雪 xià xuě to snow; snowing L15
下旬 xiàxún the last ten days of a month L20
下雨 xià yǔ to rain; raining L15
夏 xià summer L15
现代 xiàndài modern, contemporary L19
想 xiǎng to think L11

小区　xiǎoqū　residential area，community　L17
小时　xiǎoshí　hour　L11
小学　xiǎoxué　elementary school　L19
校车　xiàochē　school bus　L13
些　xiē　some　L19
新　xīn　new　L17
行　xíng　all right，O.K.　L19
姓名　xìngmíng　full name　L14
选　xuǎn　to choose　L11
学费　xuéfèi　tuition fees　L11

押　yā　to mortgage，to hold in pledge　L17
压岁钱　yāsuìqián　money given to children as a Lunar New Year gift　L20
严重　yánzhòng　serious　L15
样　yàng　type，kind　L17
要求　yāoqiú　to require，to demand，to ask；requirement　L17
爷爷　yéye　grandfather (father's side)　L20
一边　yìbiān　simultaneously　L20
一方面　yì fāngmiàn　on one hand　L19
一家人　yì jiā rén　all of the family members　L16
一起　yìqǐ　together　L12
一下(儿)　yí xiàr　in a short while　L11
一样　yíyàng　same；alike　L20
一直　yìzhí　continously　L20
已经　yǐjīng　already　L12
以后　yǐhòu　after，later　L19
因为　yīnwèi　because　L11
应该　yīnggāi　should，ought to　L19
英文　Yīngwén　English　L14
迎接　yíngjiē　to greet，to welcome　L20
影响　yǐngxiǎng　to influence；effect　L19

用 yòng to use L13
游泳 yóuyǒng swimming; to swim L12
有的 yǒude some L20
有点儿 yǒudiǎnr a little L13
有空 yǒukòng to have free time L11
有时候 yǒushíhou sometimes L13
有意思 yǒu yìsi interesting L12
有用 yǒuyòng useful L11
羽毛球 yǔmáoqiú badminton L12
原来 yuánlái as a matter of fact; original, former L20
越来越…… yuèláiyuè...... more L13
运动 yùndòng (to do) exercise L12

在 zài (used to indicate action in progress) L19
咱们 zánmen we; let's L15
早上 zǎoshang morning L13
炸酱面 zhájiàngmiàn noodles with the soybean paste L16
张 zhāng (a measure word for flat objects) L14
账户 zhànghù account L14
着急 zháojí to worry / to feel anxious L18
照片 zhàopiàn photo, picture L17
这里 zhèli here L15
这样 zhèyàng so, such, like this L20
这样吧 zhèyàng ba well (to offer a suggestion) L12
着 zhe (structure word indicates an action in progress) L18
真 zhēn really L12
支付 zhīfù to pay L14
知道 zhīdào to know L14
只好 zhǐhǎo to have no choice but to L15
重要 zhòngyào important L20
周边 zhōubiān periphery, surroundings, perimeter L13

周末　zhōumò　weekend　L11
住　zhù　use as a complement after a verb, indicating a stop or halt　L18
住址　zhùzhǐ　address　L14
注册　zhùcè　to register　L14
抓紧　zhuājǐn　to pay close or special attention to; to make the most of　L19
桌子　zhuōzi　table　L20
自己　zìjǐ　oneself　L13
自行车　zìxíngchē　bicycle　L13
走路　zǒulù　to walk　L13
租　zū　(to) rent　L17
租金　zūjīn　rental　L17
最　zuì　most　L12
最好　zuìhǎo　had better to do sth., had best　L16
最后　zuìhòu　final, last; finally　L14
最近　zuìjìn　recently, lately　L15
左右　zuǒyòu　about, around　L17
坐　zuò　to sit; to be seated; to travel by　L13

附录二　听力文本

第十一课

一、热身练习：听后连线

早上九点到十一点我去公园学太极拳，下午一点半到三点学英语，四点到六点半学跳舞，晚上七点到九点学二胡。

七、听说练习：听后选择图片，并复述

A. 你好，你喜欢运动吗？我们这里可以跑步、游泳、做瑜伽等等。现在报名付费可以打折。

B. 你好，你想不想学习汉语？我们学校有很多不同的课，有早上的，有晚上的，有周末的，还有网上的。因为在中国生活，汉语很有用，所以你一定要学汉语。

C. 你好，这是我们学校的介绍。我们学校有跳舞课、唱歌课和钢琴课。每天晚上学一个小时，从七点开始到八点，一个星期四次，一共四个小时。你要报名就给我打电话。

第十二课

七、听说练习：听后连线，并复述

我叫李丽，我很喜欢打羽毛球，但是打得不太好，我常常周二下午去打羽毛球；王云的爱好是游泳，她游得很棒，每周五下午去游泳；马克喜欢打篮球，打得非常好，他常常周六上午去打篮球；李天的爱好是打网球，他刚开始学习，打得不是很好，他每周日下午去打。

第十三课

一、热身练习

1. 听后连线，然后说说他们怎么去学校。

马克、王云和山本都在学校学习汉语。马克家很远，常常坐地铁去学校；王云坐校车去学校，很方便；山本常常骑自行车去学校，不过有时候他也走路去学校。

问：他们常常怎么去学校？

七、听说练习：听后连线，并复述

A. 李美家离公司有点儿远，她常坐公交车去上班，有时候也会打车去。现在有了很多打车软件，比以前方便多了。

B. 玛丽在上海生活，每周二、四去公司上班，一、三、五去学校学习汉语。她家离公司不远，有时候走路去公司，有时候骑自行车去。

C. 王云常和家人、朋友去旅行。要是去远点儿的地方，她们就坐飞机或者火车，在网上买票又快又方便。

第十四课

七、听说练习：听后回答问题，并复述

马克：您好，我要寄一个快递。

工作人员：您要寄到哪儿？
马克：我要寄到北京，多少钱？
工作人员：不超过五公斤二十块，超过五公斤，一公斤五块。
马克：好的，寄到北京多长时间？
工作人员：三天或者四天，你也可以寄加快件，两天就到了。
马克：好的，我的地址是延安西路 1882 号。
工作人员：好，半个小时以后快递员就到了，您的手机号码是多少？
马克：18098296523。
工作人员：您还有什么需要？
马克：没有了，谢谢！

第十五课

七、听说练习：听后填表，并复述
李美：丽莎，你回来了吗？
丽莎：没有，我还在澳大利亚呢。你好吗？
李美：我挺好的。澳大利亚天气怎么样？
丽莎：现在大概 26 度左右，晴天，很舒服。上海呢？
李美：真好！上海今天降温，下小雪啦，还刮大风，冷死了。
丽莎：最近空气怎么样？
李美：上个星期污染严重，最近好多了。只是太冷，不能出去玩儿。
丽莎：看来我还是等几天再回去吧。

第十六课

一、热身练习：听后完成表格，并说说他们有什么打算
女：老公，下周末咱们出去玩儿两天吧？
男：好啊，你想去哪儿？
女：这附近吧。苏州怎么样？
男：好。怎么去？

女：坐高铁吧，很方便，我从网上买票。
男：好的。我打电话订酒店。

七、听说练习
1. 听后完成表格。
A：您好，女士，有什么可以帮您的？
B：我们全家想去三亚旅行，你们有什么推荐的？
A：您一共几位？想待多长时间？
B：我们一共四个人，两个大人，两个孩子，想待一个星期左右。
A：还有别的吗？
B：因为有孩子，所以不能太累，最好不用走太长时间的路。
A：好的，记下来了。还有吗？
B：酒店要好一点，我们不想购物。别的没有了。
A：好的，那您先看一下这边的介绍。

第十七课

七、听说练习：听后选择图片，并说一说
A. 这套房子九十平左右，两室一厅，两个卧室都朝南，冬天很暖和。
B. 这套房子一百三十多平，三室一厅。一个卧室朝南，一个卧室朝北，还有一个书房。
C. 这套房子不大，一室两小厅，一个人住很方便。

第十八课

七、听说练习：先介绍一下这幅图画里的房间，然后根据听力内容写出密码，最后复述
这个房间的开门密码在这幅图画里面。一共是五位，有三个数字和两个字母。第一个数字是房间号的第一个数字，第二个数字是房间里所有电器的数量，密码的第三位是字母。这个字母是空调牌子的第一个字母。第

四位也是字母，它是T恤衫上的字母，最后一个数字是房间日历上写着的月份。

第十九课

七、听说练习：听后填表，并复述

两位母亲在介绍自己孩子在学校的表现。

乐文妈妈：您是王平的妈妈吧？王平这孩子真好，人聪明，学习也好。我们家乐文不爱学习，天天玩 iPad。

王平妈妈：我觉得你们家乐文挺聪明的，什么都会，我看她上次参加学校比赛得了第一名。我们家王平在学校的表现还可以，回家就不行了，我和他爸工作太忙，常常加班，没时间管他。

乐文妈妈：你们课外报了什么班？

王平妈妈：我们没有报，我给他请了一个钢琴老师，每个星期来家里上一次课。你们呢？

乐文妈妈：我们有。周一下午英文班，周四晚上数学班，周末还学习唱歌。

王平妈妈：这么多啊？

乐文妈妈：这不算多，我朋友给他孩子全报满了。

第二十课

七、听说练习：听后判断对错，并复述

马克：王老师，下星期我要去一个中国朋友家过春节，我应该给他带什么礼物呢？

王老师：你可以带些吃的、喝的。

马克：在我们国家常常送花或者点心。

王老师：如果去年轻人家里，也可以送花或者酒。过去，中国人还常常送烟呢。

马克：那不能送什么？

王老师：你送水果的时候，可以送苹果、橘子，但不能送梨。

马克：为什么？

王老师：因为“梨”和汉字“离”是同音，“离”是分离的意思。

马克：我还听说不能送钟表，这是为什么？

王老师：因为“钟”和汉字“终”同音，“送终”是送别死去的人。所以当然不能送“钟”。

马克：谢谢您，王老师，这些真有意思。